U0680616

产业基础再造

夯实
制造强国的基石

盛朝迅　徐建伟　等

著

人民邮电出版社

北　京

图书在版编目（CIP）数据

产业基础再造 ： 夯实制造强国的基石 / 盛朝迅等著
. -- 北京 ： 人民邮电出版社，2024.4
ISBN 978-7-115-63627-0

Ⅰ．①产… Ⅱ．①盛… Ⅲ．①制造工业－产业发展－
研究－中国 Ⅳ．①F426.4

中国国家版本馆CIP数据核字(2024)第055982号

内 容 提 要

本书基于我国关于产业基础再造研究的前沿成果，对产业基础再造问题进行了系统研究，深入分析了产业基础的内涵与主要特征、实施产业基础再造工程的理论依据，归纳总结了我国产业基础现状与问题、主要发达国家提升产业基础能力的经验与启示，研究提出了提升我国产业基础能力的重要意义和重大举措建议，并对重大基础装备和基础零部件、工业软件、关键基础材料、集成电路、国家质量基础设施建设、基础研究、企业主体培育等重点领域的基础能力提升进行了专题研究。

本书不仅在理论和方法上有所创新，而且也提出了一些见解独到的新观点，对政府决策有重要的参考价值，既可为政府工作人员了解产业发展情况及制定产业政策提供借鉴，为高校和科研工作者继续深入开展研究提供参考，也适合关心中国经济和产业发展前途的经济界及产业界、企业界人士阅读。

◆ 著　　　　盛朝迅　徐建伟　等
　　责任编辑　杨　凌
　　责任印制　马振武

◆ 人民邮电出版社出版发行　　北京市丰台区成寿寺路 11 号
　　邮编　100164　　电子邮件　315@ptpress.com.cn
　　网址　https://www.ptpress.com.cn
　　固安县铭成印刷有限公司印刷

◆ 开本：700×1000　1/16
　　印张：12.25　　　　　　　　　　2024 年 4 月第 1 版
　　字数：180 千字　　　　　　　　2024 年 4 月河北第 1 次印刷

定价：69.80 元

读者服务热线：(010)81055410　印装质量热线：(010)81055316
反盗版热线：(010)81055315
广告经营许可证：京东市监广登字 20170147 号

　　长期以来，受产业发展模式、路径、支持政策、要素条件等多方面因素制约，我国的产业发展主要采用加工组装和终端品制造模式切入全球产业链，这促进了产业规模和制造水平的快速提升，我国也成为举世瞩目的"世界工厂"。2022年，我国制造业增加值占全球的比重达到30.3%，连续13年位居全球首位，超过第二名和第三名的总和。我国生产了全球超过50%的钢铁、水泥、电解铝、甲醇、烧碱和平板玻璃，60%的家电和新能源汽车，70%的化纤、动力电池、光伏组件、手机和计算机，以及85%的稀土冶炼产品，200多种产品的产量居世界第一。然而，相较于我国强大的终端产品制造能力，我国的产业基础研发制造能力相对薄弱，总体自给率只有40%左右；高端基础元器件、核心零部件、先进生产设备、关键基础材料等对外的依存度甚至高达90%以上，几乎完全依赖进口。

　　毫无疑问，这种模式促进了中国经济的快速发展，为全面建成小康社会奠定了坚实基础，但也带来了两个显而易见的问题，以致难以满足构建新发展格局和实现中国式现代化的新要求。**一是产业升级滞缓。**产业发展如同一条河流，上游的基础能力决定着下游产业发展的高度和产业升级的能力。无数产业发展实践表明，产业升级的过程是一个从加工组装、中低端产品制造到高端研发、关键零部件制造跃迁的过程，也是从产业链中下游向上游跃升的过程。我国制造业在产业链上中下游布局的不均衡、基础能力薄弱的现状，导致了在全球产业链中分工地位低下的困境和产业链升级的滞缓。唯有不断强化产业基础领域攻关突破，树立产业基础领域竞争优势，才能打破这种分工锁定，实现产业升级。**二是关键环节受制于人。**在全球化分工逻辑下，各国依据比较优势进行分工，产业基础薄弱的问题可以通过国际贸易得到缓解，正常的供应能够得到基本保证。但在贸易摩擦和大国博弈的背景下，一些国家在基础领域和核心技术上的优势成为其经济制裁的工具和"武器"，它们频频采用出口管制"实体清单"、"断供"等非经济手段对我国进行遏制围堵，导致我国高技术领域的产业安全矛盾凸显。

为此，2019 年 8 月 26 日，十九届中央财经委员会第五次会议提出，要充分发挥集中力量办大事的制度优势和超大规模的市场优势，以夯实产业基础能力为根本，打好产业基础高级化、产业链现代化的攻坚战，实施产业基础再造工程，做好顶层设计，明确工程重点，分类组织实施，增强自主能力。2020 年 5 月 14 日中央政治局常委会会议进一步明确，实施产业基础再造和产业链提升工程。《中华人民共和国国民经济和社会发展第十四个五年规划和 2035 年远景目标纲要》进一步提出，实施产业基础再造工程，加快补齐基础零部件及元器件、基础软件、基础材料、基础工艺和产业技术基础等瓶颈短板。党的二十大报告进一步指出，实施产业基础再造工程和重大技术装备攻关工程，支持专精特新企业发展，推动制造业高端化、智能化、绿色化发展。这些顶层设计和部署，抓住了推动产业升级和科技自立自强的"牛鼻子"，对于推动产业高质量发展、建设制造强国、突破产业链安全瓶颈、构建新发展格局、引领新一轮科技革命和产业变革等都具有非常重要而又深远的现实意义，是牵一发而动全身的关键举措。那么，到底如何实施产业基础再造工程，明确具体路径和实施方案，科学设定阶段性的战略目标，谋划具体举措，是全社会共同关心的重大议题。

为此，本书从概念分析入手，从产业基础再造和产业链提升相结合的视角，提出未来一个时期实施产业基础再造工程的总体思路、主要路径和战略任务。

具体而言，实施产业基础再造工程，必须要把握产业发展特性，尊重产业发展规律，做到综合施策。

一是坚持企业主体。遵循市场规律，充分发挥各类企业在产业基础再造中的主体作用，加快培育产业生态主导企业和专精特新企业，依靠市场机制更好地识别机会、抓住机遇、寻求突破。政府的主要作用是解决市场失灵、系统失灵和合成谬误等问题，进一步深化改革，优化基础能力提升的政策体系，完善支撑产业基础发展的要素市场和平台设施，强化有效的正向激励，形成有利于产业基础能力提升的产业生态。

二是坚持目标导向。聚焦真正少而精的"卡脖子"领域，发挥新型举国体制的优势，以新的体制组建一批国家产业技术研究院和产学研联合体，明确攻关目标和路线图，滚动更新科技攻关清单，逐个予以突破。防止将"卡脖子"清单泛化，将"崴脚脖子"问题甚至所有技术都实现国产化，防止"一哄而上"搞低端重复建设，造成资源浪费和错配。

三是坚持点链协同。从实际经验来看，聚集某一领域、某一环节推动基础领域攻坚突破，往往是低效甚至无效的，必须从系统、联动、协同的角度，统筹谋划产业基础能力提升，在突破关键核心技术的基础上，着力推动产业链上下游产品设计、材料开发、工艺开发、装备制造、示范应用推广等企业和机构协同联动，构建国产首台（套）、首批次产品大规模市场应用的生态系统，解决不愿用、不敢用国产化技术和产品的难题。

四是坚持补锻并举。从短期来看，要着力"补短板""应亟需"，按链条梳理基础领域的薄弱环节，聚焦并明确产业基础再造工程的重点，加快突破"卡脖子"瓶颈约束。从长远来看，要着力"锻长板""拓优势"，全面夯实产业基础能力，再造有利于产业基础能力提升的制度环境，推动一批引领新一轮科技革命和产业变革的产业基础技术及产品突破，打造"撒手锏"，形成引领未来发展的产业基础优势和相互制衡能力。

五是坚持开放合作。在坚持以我为主、自立自强、形成自主发展能力、保障产业安全的同时，主动扩大对外开放，积极利用全球资源和市场，深化与世界科技创新强国的产业和技术合作交流，打造基础领域以国内大循环为主体、国内国际双循环相互促进的新发展格局。

盛朝迅

2023 年 5 月

CONTENTS
目录

第一章

产业基础概述

十九届中央财经委员会第五次会议提出，要实施产业基础再造工程，做好顶层设计，明确工程重点，分类组织实施，增强自主能力。党的二十大报告也指出，实施产业基础再造工程和重大技术装备攻关工程，支持专精特新企业发展，推动制造业高端化、智能化、绿色化发展。这是针对我国产业底层基础不牢、核心技术对外依赖、关键环节缺失、协同创新不足等瓶颈问题提出的重大战略性工程，是"十四五"时期推进产业高质量发展和制造强国建设的基础性、全局性工程，是突破产业链安全瓶颈约束、抢占新一轮科技革命和产业变革制高点的重要举措，具有重大而深远的战略意义。为此，有必要在理论上厘清产业基础的内涵与主要特征，深入分析实施产业基础再造工程的理论依据，构建系统分析框架。

一、产业基础的内涵

既有文献关于产业基础的内涵可以分为两种（见表1-1）：一种观点认为，产业基础是"工业四基"的拓展和延伸，对产业基础和产业基础能力不做区分；另一种观点则对产业基础和产业基础能力进行了明显的区分，更强调"能力"这一关键词。

表 1-1 关于产业基础相关概念内涵和范畴的代表性观点

观点	作者和观点发表时间	概念的内涵或相关论述	主要内容和范畴		
			工业四基	基础软件	其他
四基扩展说	许召元（2019）	产业基础能力是对工业基础能力的拓展和补充	●		生产性服务业领域的基础能力
	盛朝迅（2019）	产业基础能力是产业发展的核心和基础，是底层技术、零部件和材料、基础设施、质量标准、政策环境、人才队伍等诸多要素的集合	●	●	基础设施、质量标准、政策环境、人才队伍
	黄群慧（2020）	产业基础能力是"工业四基"和工业软件、操作系统	●	●	
	李燕（2020）	产业基础能力具体是指工业基础能力，即"工业四基"		●	
	工业和信息化部（2020）	要围绕"工业四基"，推动生产、应用、融资等合作衔接，加快市场化推广应用，并培育产业技术基础的公共服务平台，持续提升试验检测、标准检测、成果转化、知识产权保护等基础服务的支撑能力	●		试验检测、标准检测、成果转化、知识产权保护
	刘志彪（2019）	产业基础的能力和水平决定了一个国家产业的加工装配制造能力和水平……如果基础零部件、关键材料、工业软件、检验检测平台等领域都有难以克服的瓶颈或短板……	●	●	检验检测平台
产业支撑能力说	徐洪才（2019）	产业基础能力包括产业链、价值链的上游控制能力以及产业配套能力和高素质人才队伍3个方面			
	罗仲伟孟艳华（2020）	产业基础能力是指基本支撑对产业形成和发展的保障程度和推动力度			
	干勇（2020）	新材料产业基础能力主要表现为新材料产业的基础条件和综合实力，主要包括科技创新基础能力、支撑保障基础能力、产业竞争基础能力、可持续发展基础能力、产业基础设施、产业发展生态环境等			
	中国工程院（2019）	工业基础主要是指我国在推动新型工业化、信息化、城镇化、农业现代化同步发展过程中，相适应的生产关系各方面的总和，即工业化基础，具体包括基础产品、基础技术、创新体系、基础文化、基础教育和人才、基本政策等基础要素以及各要素之间的关系			

观点	作者和观点发表时间	概念的内涵或相关论述	主要内容和范畴		
			工业四基	基础软件	其他
产业支撑能力说	工业和信息化部（2020）	实施产业基础再造工程……围绕核心基础零部件（元器件）、关键基础材料、先进基础工艺和产业技术基础……培育产业技术基础公共服务平台，持续提升试验检测、标准检测、成果转化、知识产权保护等基础服务的支撑能力	●		产业技术基础公共服务平台

资料来源：课题组整理。

（一）四基扩展说

"四基扩展说"认为，产业基础的概念来源于"工业四基"，由于经济发展的阶段和外部条件的变化，"工业四基"的内容需要进一步拓展和补充，但概念相对集中，没有出现泛化。

许召元（2019）认为，工业基础能力主要是指核心基础零部件（元器件）、关键基础材料、先进基础工艺、产业技术基础。近年来，传统服务业领域的基础能力越来越重要，特别是基础软件方面，集成电路设计软件、操作系统、数据库、人工智能算法的重要性甚至超过了不少工业基础能力。因此，产业基础能力是在传统的工业基础能力的基础上，再加上生产性服务业领域的基础能力。盛朝迅（2019）认为，"工业四基"和基础软件等现代信息产业基础是产业基础能力的关键要素，但产业基础能力又不仅限于此，还包括基础设施、质量标准、政策环境、人才队伍等诸多要素。黄群慧（2020）认为，产业基础能力就是在现有"工业四基"的基础上加上工业软件和操作系统。同时，他也分析了产业基础能力薄弱的原因。他认为，产业基础能力薄弱主要表现在两个方面：**一是工业化所需要的产业基础存在明显短板**，即"工业四基"的自主化程度低，关键共性技术缺失，产品质量和可靠性难以满足需要，基础服务体系不完善；**二是我国现代信息产业的产业基础比较薄弱**，芯片、工业软件、操作系统、数据库等关键环节还存在"卡脖子"问题。李燕（2020）认为，产业基础能力具体是指工业基础能力，其内容包括核心基础零部件（元器件）、关键基础材料先进基础工艺和产业技术基础这"工业四基"。2020 年 1 月 20 日，国务院新闻办公室的新闻发布会上，时任工业和信息化部部长苗圩答记者问，提出要实施产业基础再造工程，筑牢制造业发展"地基"，加强顶层设计，充分调动部门、行业协会、企业等各方面的力量，围绕"工业四基"，推动生产、应用、融资等合作衔接，加快市场化推广应用，并培育产业技术基础的公共服务平台，持续提升试验检测、标准检测、成果转化、知识产权保护等基础服务的支撑能力。

（二）产业支撑能力说

"产业支撑能力说"认为，产业基础是保障和推动产业发展的能力，这一种观点不再强调产业基础与"工业四基"的联系，概念范畴相对宽泛。

徐洪才（2019）认为，产业基础能力包括产业链、价值链的上游控制能力以及产业配套能力和高素质人才队伍 3 个方面。罗仲伟和孟艳华（2020）则对产业基础和产业基础能力进行了区分，他们认为，产业基础是产业形成和发展的基本支撑，既包括提供基本生产资料的产业部门，也包括提供产业底层结构的产业要素，随着科技的发展还需增加"基础软件"。产业基础能力是指上述基本支撑对产业形成和发展的保障程度和推动力度。干勇（2020）认为，新材料产业基础能力主要表现为新材料产业的基础条件和综合实力，主要包括科技创新基础能力、支撑保障基础能力、产业竞争基础能力、可持续发展基础能力、产业基础设施、产业发展生态环境等。中国工程院（2019）开展的"工业化基础再造"课题研究提出，工业基础主要是指我国在推动新型工业化、信息化、城镇化、农业现代化同步发展过程中，相适应的生产关系各方面的总和，即工业化基础，具体包括基础产品、基础技术、创新体系、基础文化、基础教育和人才、基本政策等基础要素以及各要素之间的关系。课题研究进一步认为，在当前一段时期内，产业基础应聚焦于基础产品和基础技术，主要应围绕

5 个方面布局：基础零部件 / 元器件（包括高端芯片和传感器）、基础材料、基础检验检测设备和平台、基础制造工艺和装备、基础工业软件。

我们认为，"四基扩展说"和"产业支撑能力说"从不同角度对产业基础的内涵和外延进行了分析，是研究不断深入和深化的具体表现："四基扩展说"侧重于从研究对象的角度拓展产业基础的范畴和边界，"产业支撑能力说"侧重于从产业功能角度论述提升产业基础能力所需要的诸多要素和条件。从实际经验来看，聚焦某一领域、某一环节推动基础领域攻坚突破，往往是低效甚至无效的，必须从系统、联动、协同的角度，统筹谋划产业基础能力提升。为此，必须结合新时代新形势对产业基础能力提升的要求，重新提炼和概括产业基础的概念和内涵，增强制造业底层整合能力。

基于上述分析，我们认为，**"产业基础"是产业形成和发展的基本支撑，是为产业发展提供基础技术、材料和零部件支撑，能够决定生产制造方式的基础单元，也是为其形成提供支撑的基础要素、公共服务体系和平台、制度环境的集合**。产业基础包括核心层和支撑层两个层面：核心层是指支撑产业发展的基础环节和底层技术，包括基础装备、基础零部件、基础工业软件、关键基础材料 4 个方面，可以称为"产业四基"；支撑层是指支撑核心层技术突破的条件和保障，主要包括重大科学装置和创新平台、底层基础要素、质量基础设施和制度环境等（见图 1-1）。其中，核心层是从产业链角度定义的，主要是指能够划分到具体产业门类的基础产业，是显性的、较多被关注的产业基础领域；支撑层是从支撑条件角度定义的，主要是指支撑核心层发展的各种要素、公共服务体系和制度环境，是处于产业发展底层、较少被政策和公众关注的基础领域。两者相辅相成，不可分割，共同构成产业基础的全部内容。由此可见，产业基础是一个内涵和外延都十分丰富的概念，既包括支撑产业发展的基础产业和底层技术，也包括与之相配套的基础要素、基础设施、公共服务平台、政策和制度环境，是基础产业、基础要素、基础设施、公共服务体系和制度环境的有机统一。

内容	定义和范畴
核心层（产业四基）	
基础装备	指用于工业生产过程的关键成套设备，如数控机床等
基础零部件	指产业发展技术含量和附加值最高、突破难度最大的零部件，如工业机器人领域的减速器、伺服系统、控制器，汽车的发动机、变速箱等
基础工业软件	指在工业领域里应用的基础软件，包括系统、应用、中间件、嵌入式等，是可以开发其他工业软件的工具，是软件的基础
关键基础材料	指先进工业制成品自身及其生产过程中所使用的支撑和关键材料，是先进制造业发展的基础。包括电子信息材料、新能源材料、关键化工新材料、重大和高端装备用钢铁材料、高性能有色及稀有金属材料、无机非金属材料、特种纤维材料、生物医用和制药材料等
支撑层	
重大科学装置和创新平台	主要指支撑科技研发的国家重大科学装置、综合性国家科学中心、国家实验室、国家重点实验室等创新基础设施和相关公共技术服务平台
底层基础要素	指支撑产业基础发展的数据、人才、技术等要素资源
质量基础设施	主要指为产业发展提供计量、标准化、认证、合格评定、检验检测等服务的质量基础设施
制度环境	指支撑产业基础发展的投融资、财政税收、能源土地、对外贸易等相关政策体系和产学研合作、产业链协作、新型技术攻关、军民融合等体制机制保障

图 1-1　产业基础的两个层面及其主要内容

二、产业基础的主要特征

产业基础，特别是核心层的"产业四基"，作为支撑产业发展的最重要的基础部门，往往具有底层性、战略性、寡占性、系统性和动态性等特征。

1．底层性

正如地基处于建筑物的底层不容易为外界所看见一样，产业基础一般处于产业链的上游、前端或中间投入品的生产环节，属于产业发展的底层架构，并不直接与位于终端的消费市场和消费者发生经济技术联系，因此市场显示度较低。比如，ARM 架构是全球计算机芯片行业的基础，Linux 开源体系是很多软件服务的基础，TCP/IP 是万维互联的基础，RSA 算法是金融加密系统的基石。这些技术都非常重要，但往往不为大众所熟知。

2. 战略性

战略性主要是指产业基础部门在产业发展中的地位十分重要，是决定产业竞争力和控制力的关键所在。产业基础部门掌控着整个行业的关键知识和技能，具有无法替代的竞争优势地位，是整个产业命运的真正决定者和行业"大厦"的根基。本部门的技术改进或停滞，会极其显著地影响下游用户的产品质量和产出状态。比如半导体产业的高端芯片制造、极紫外（EUV）光刻机生产、光刻胶等关键材料生产环节，虽然产业规模体量不大，但却掌握着关键核心技术，把控着行业发展的"命门"，是整个产业链最关键的环节。一旦发达国家实施"断供"，我国规模达数万亿元的产业发展都将受到极大的冲击。离开产业基础来发展产业，就好比在沙滩上建高楼，既不安全，也不牢靠。

3. 寡占性

由于产业基础领域的专业性比较强，大多数从事产业基础领域生产的企业所提供的产品和服务比较单一，供应链关系相对稳定、固化，具有分工锁定、行业进入门槛高、技术突破难等特征。因此，往往会出现"赢者通吃"的局面，即该产品和技术的供应仅由少数几家企业掌握，形成完全垄断或寡头垄断的市场结构。先发企业一旦在某一领域形成了先发优势，后发追赶者追赶超越的难度将异常巨大。全球市场也是如此，德国很多隐形冠军企业的全球市场占有率都超过了50%，在世界范围内做到了极致，受到业界的广泛认可。

4. 系统性

产业基础包括关键核心技术、基础装备和基础零部件、基础材料、基础工业软件、质量基础设施，以及与之相配套的创新服务体系、要素支撑和制度环境等，是一个完整的体系，既关乎基础科学，也涉及推广应用。这些产业基础的具体内容相互支撑，缺一不可，只要某一个环节出现瓶颈和薄弱项，整体就会遭遇"卡脖子"的困境，整体产业基础实力的突破就会变得很难，产业竞争力的提升也会受到限制。因此，提升产业基础能力是一个系统性工程，不能"头痛医头，脚痛医脚"，必须要有顶层设计、系统谋划和统筹推进。

5. 动态性

动态性是指产业基础的范畴会根据技术条件或时代背景的变化而动态调整，不同时代产业基础的内涵和外延也不尽相同。在农业经济时代，基础产业部门是农具生产和种子培育，基础要素是土地、劳动力和资本，基础设施也是围绕农业生产的水利基础设施和仓储设施等；在工业经济时代，核心基础零部件（元器件）、关键基础材料、先进基础工艺、产业技术基础"工业四基"取代农具生产和种子培育成为基础产业部门，相应的，资本、人力资源、技术、企业家才能在要素中的重要性上升，基础设施也随之改变；在信息经济时代，软件和数据的重要性上升，基础装备、基础零部件、基础工业软件、关键基础材料"产业四基"取代"工业四基"成为最重要的基础产业部门，其基础要素和基础设施也相应调整（见图1-2）。未来，产业基础的内涵和外延还会调整。

	农业经济时代	工业经济时代	信息经济时代
基础产业	农具生产、种子培育	工业四基：核心基础零部件（元器件）、关键基础材料、先进基础工艺、产业技术基础	产业四基：基础装备、基础零部件、基础工业软件、关键基础材料
基础要素	土地、劳动力、资本	资本、人力资源、技术、企业家才能	数据、技术、人才、资本、企业家才能
基础设施	水利基础设施、仓储设施等	水/电/路/气/通信、工业园区等	重大科学装置和创新平台、基础检验检测设备和平台

图1-2 不同时代产业基础的内涵和外延

三、实施产业基础再造工程的理论依据

实施产业基础再造工程是新形势下产业政策创新的最新实践。要准确把握

政府行为和产业政策实施的依据、科学界定政府行为的边界，必须从政府和市场关系角度进行分析，不断深化对政府和市场关系的认识。青木昌彦、奥野正宽等（1998）认为，产业政策的本质是通过政策措施的适度干预来解决多部门协调失灵和系统失灵等问题。实施产业基础再造工程的理论依据即如此，政府的职责主要是通过适当干预完成企业做不了或者不愿意做的事情。

（一）解决市场失灵问题

市场失灵问题主要包括两个方面。**一是公共物品问题。**产业基础具有很强的正外部性，具有公共物品或准公共物品属性。产业基础领域的投资具有规模大、周期长、风险高、门槛高的特点，这使市场主体的投资规模和水平难以满足产业需求，从而出现投资不足和补偿不足的市场失灵问题。在此情形下，必须发挥政府"有形之手"的调节作用。**二是市场竞争中出现的垄断问题。**由于产业基础领域具有分工锁定、行业进入门槛高、技术突破难等特征，国外先发者已经形成了较强的行业垄断和寡头市场特征，国内后发追赶者只有不计成本地加大研发投入，迅速提升生产能力，才有可能在已经形成寡头垄断的市场结构中有足够的能力与国外同行竞争，进而逐步打破分工锁定的市场格局。因此，企业发展初期往往亏损经营并需要政府扶持，市场竞争中对企业短期利润最大化目标追求的设定，并不适用于产业基础部门。

（二）解决多主体协调失灵问题

这类问题主要包括经济管理部门之间不协调、研发与应用环节不协调、军民之间不协调、人才的培养与使用不协调等。**一方面，经济管理部门之间不协调。**科技部、工业和信息化部、国家发展改革委各自发布项目指南、指导目录，都要求项目具有技术研发突破、进行产业化能力建设，从而导致项目重复支持等。**另一方面，产业链上下游协调不够。**研发链、产业链分割、缺位，协同衔接能力差，技术成果主要集中在科研院所，缺乏科技成果转化的通道和桥梁，科技成果产业化率低，科技成果与产业化"两张皮"问题突出。支持研发和产业化脱节，一边通过鼓励研发支持国产化技术开发和设备生产，一边又通过出口退税等政策支持进口国外设备，"政策打架"的现象时有发生。同时，由于国内的军工产品难以适应民品市场的需要，民用技术受国外"卡脖子"约束问题突出，部分民用技术装备过多吸收国外元素，存在安全漏洞等问题，导致"民参军""军转民"渠道不畅通。此外，由于基础领域回报低，大量基础领域人才从学校毕业后进入金融领域工作，造成"学非所用""用非所学"现象突出。

（三）解决系统失灵问题

系统失灵问题主要包括 3 个方面。**一是行业基础和共性技术研发体系缺失。**240 多家科研机构改制以后，削弱了行业服务功能，导致服务成本大幅提高，行业基础和共性技术研发体系缺失。目前以企业为主体的新型研发机构很多实质上成为企业技术中心，没有发挥应有的作用，行业共性技术缺失的问题没有得到根本解决。**二是通用技术、共性技术的扩散应用不够。**目前的产业政策主要聚焦于鼓励前沿技术的突破，技术扩散机构相对缺失，以致忽视了先进适用技术在广大中小企业的应用。**三是产学研资源没有形成合力。**缺乏行业共性技术平台、市场平台和信息平台，各自为战的现象较为突出。

（四）解决产业政策错位问题

长期以来，我国产业政策的"重显轻潜"现象突出，对市场显示度高的整机及成套设备高度重视、大力支持，对市场显示度低的基础能力发展重视不够甚至忽略。政府采购政策也偏向支持国外产品，使得国内品牌缺乏应用场景，产品市场化应用困难。一些新产品的开发缺乏有效的资金和金融政策支持，风险投资、金融体系不能满足创新创业的需求，技术链、产业链、投资链的完整体系尚未形成。

因此，需要实施产业基础再造工程，通过为市场提供合适的制度设计和政策创新，加强政府在产业基础领域的作为，促进各部门政策协同和系统再造，形成政策合力，显著改善市场绩效。

四、产业基础再造的"要素—平台—制度"三维分析框架

全景式解构产业基础，不但需要明晰产业基础的内在构成和基本要素，也需要分析产业基础的影响因素和作用机制。根据我们的理解，**产业基础再造工程**是对产业基础及其所涉及的体制机制环境、重大共性服务平台、要素保障支持条件等进行系统谋划和布局，重点解决多部门协调失灵和系统失灵等问题的系统性政策安排，需要从**要素、平台、制度** 3 个维度协同发力（见图 1-3）。

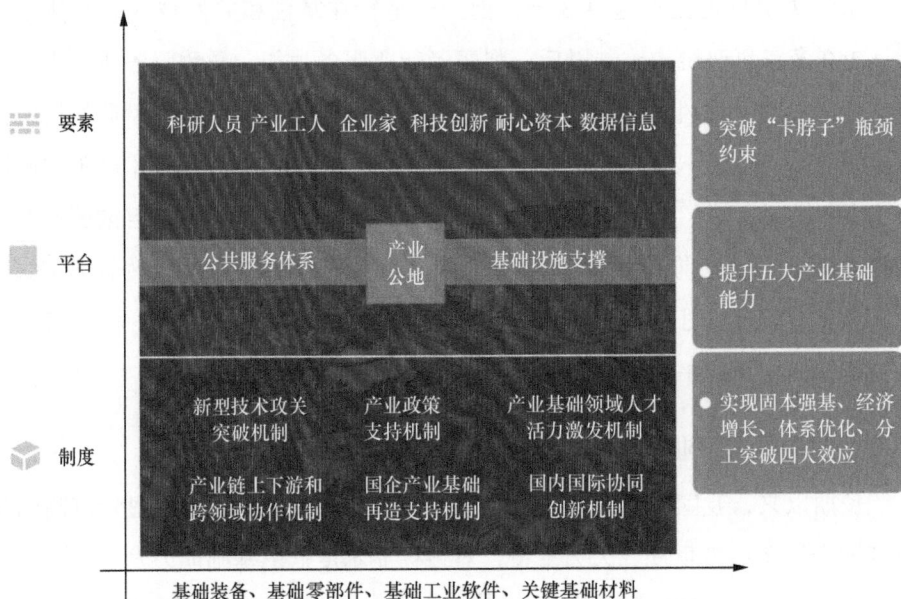

图 1-3　产业基础再造的三维分析框架

从要素支撑条件来看，人才、资本、技术、数据信息等生产要素决定了产业基础的"输入"，是推动产业基础能力提升的基本条件。

从平台层面来看，主要包括支撑产业发展的各种共性技术平台、服务支撑体系和检验检测、标准化、计量等各类质量基础设施平台，是支撑产业基础突破的重要基础设施和平台条件。

　　从制度层面来看，由于产业基础具有寡占性和战略性等特征，产业基础能力提升对于一国产业发展和升级具有重要的现实意义，但仅仅依靠市场力量难以突破。需要通过优化制度供给，为产业基础发展提供良好的政策环境。比如建立产业基础能力动态评估机制，找出薄弱环节和短板，明确产业基础再造工程的主攻方向；完善新型举国体制，建立完善新形势下重大关键共性技术联合攻关机制；建立完善产业链上下游协作机制，重点解决"卡脖子"技术突破后的市场应用难题；加强军民融合，引导两类企业共享要素资源，激发更大活力；深化国企改革，强化国有企业在产业基础能力提升中的担当和作为；等等。

　　本书遵循上述逻辑框架开展研究分析。

第二章

我国产业基础现状与问题

产业基础是产业发展的基石、制造强国的根基和实现产业链现代化的前提，决定着产业发展的自主可控水平、长远竞争能力和整体发展高度。近年来，随着全社会对产业基础重视程度的增加和国家工业强基工程的持续实施，我国在部分基础材料、零部件、装备和技术领域开始取得技术突破，产品质量持续提升，市场化推广应用不断加快，部分"卡脖子"问题有所缓解。但是，我国基础不牢、底子不稳、"卡脖子"的问题仍然非常突出，关键零部件、元器件和关键材料自给率仅有 30% ～ 40%，总体上与发达国家还有很大的差距。

一、总体水平有较大提升

我国自 2013 年开始实施工业强基工程，2016 年发布《工业强基工程实施指南（2016—2020 年）》，提出要着重围绕重点领域，解决 170 余个"卡脖子"的关键产品相关问题。随着一批重大工程和项目实施，部分工业基础产品和技术实现从无到有、从有到优，有力支撑了航空航天、先进轨道交通、机器人、工程机械、节能与新能源汽车等领域的发展。例如：高速动车组齿轮传动系统突破了制约高铁装备发展的重要基础瓶颈，打破了德国和日本企业的垄断，各项性能指标均达到或优于国外产品水平，并在轻量化、振动和温度控制技术方面处于国际领先地位；机器人伺服电机、减速器、控制器"三大件"依赖进口的问题正在逐步扭转，高精密减速器、RV 减速器轴承、伺服电机等已经研制成功，部分进入产业化阶段；工程机械液压件实现国产化制造与生产，产品质量、技术和成本均优于日本川崎，有望实现全面进口替代。在基础领域攻坚突破过程中，探索形成了全链条式协同创新路径，即以需求为牵引，以应用端为导向，实施关键技术研发、产品设计、专用材料开发、先进工艺开发应用、公共试验平台建设、批量生产、示范推广的"一条龙"计划，促进整机（系统）和基础技术互动发展，建立全产业链全生命周期互融共生、分工合作、利益共享的一体化组织新模式。同时，一些企业聚焦核心基础零部件（元器件）和关键基础材料领域深耕细作，弘扬工匠精神，在技术研发、产品质量、细分市场上占据领先地位，涌现了一批专精特新的"小巨人"企业和隐形冠军企业。

二、核心领域"卡脖子"问题突出

（一）部分重大基础装备质量性能差距明显

根据中国工程院的研究显示（见表 2-1），我国在高档数控机床、机器人、集成电路及专用设备、飞机和航空发动机、高性能医疗器械等 15 类产业方面与世界先进水平差距大或巨大。例如，关键集成电路装备具有精度灵敏度高、技术难度大、成本投入高、市场格局固化等特点，国内企业在国际上几乎没有竞争优势，前道光刻机等严重依赖进口。国产机器人在快速响应性、功率密度、稳定性、工作精度、发热噪声等指标上与国际先进水平差距较大，在过载等较为复杂的工况环境下性能下降明显。纳博特斯克 RV 减速器产品的平均寿命一般超过 10 000 小时，在设定的工作寿命内可严格保持精度和刚度不下降，而国产产品的寿命均低于 6000 小时。

表 2-1　26 类代表性制造业产业的国际比较

类别	产业数量	主要门类
世界领先水平	5 类	通信设备、先进轨道交通装备、输变电装备、纺织、家电
世界先进水平	6 类	航天装备、新能源汽车、发电装备、钢铁、石化、建材

类别	产业数量	主要门类
与世界先进水平差距大	10类	飞机、航空机载设备及系统、高档数控机床与基础制造装备、机器人、高技术船舶与海洋工程装备、节能汽车、高性能医疗器械、新材料、生物医药、食品
与世界先进水平差距巨大	5类	集成电路及专用设备、操作系统与工业软件、智能制造核心信息设备、航空发动机、农业装备

资料来源：中国工程院。

（二）关键核心基础零部件对外依赖严重

在产品内分工日益深化的情况下，"卡脖子"技术往往来自关键核心基础零部件（元器件）。基础零部件（元器件）是发达国家维护其全球竞争力和分工地位的关键所在，它们始终掌握着大量关键核心技术，牢牢把持产业发展的主导权和控制权。基础零部件被"卡脖子"是我国产业发展的"隐痛"。例如，高端基础芯片领域，国内的商用化研发刚刚起步，高端存储器主控芯片订单集中在美国的美满科技和微芯，消费类低端主控芯片市场则主要由我国台湾省的慧荣科技和群联电子瓜分。模拟芯片领域，国内模拟厂商的自给率不到20%，在高端领域更是低于5%。工程机械领域，大型盾构机刀盘主轴承合金元素、杂质含量控制、锻件滚子热处理技术，超大直径密封结构设计、制造及表面处理技术等尚未突破。机器人领域，我国减速器70%以上的市场份额由外资品牌占据，哈默纳科和纳博特斯克占有绝对领先地位，智能机器人发展所需的视觉、力觉、激光、声呐等传感器也主要依赖进口。这些"卡脖子"短板很多是长期以来困扰我国经济社会发展的"老大难"问题，既关系到战略性领域的国际话语权，也制约了产业链现代化水平的提升和现代产业体系建设。

尤政等（2016）认为，我国的基础零部件（元器件）产业相比国际领先水平，存在的最大问题在于自主创新能力不足，核心技术缺失，主要表现在4个方面。一是科学探索前瞻性差，理论研究基础薄弱，产业应用基础供给不足，社会资源利用率低，科研与生产实际结合不紧密，成果转化速度慢，制约了产品设计技术、可靠性技术、制造工艺与流程、基础材料性能研究的发展。二是参与制修订国际标准的能力薄弱，行业标准体系不健全，尤其是工艺标准、试验与检测方法标准的研究亟待加强。三是工艺技术相对落后，基础工艺研究投入严重不足，工艺技术获取渠道不畅，企业模仿制造多，只知其然而不知其所以然。四是装备自动化程度低，手工、机械化、自动化、半自动化并存，单机多序仍是主流，在线检测应用不多，直接影响产品的一致性和质量稳定性。郭源生（2020）认为，我国的传感器产业分散性极强，企业规模偏小，难以在技术研发、产业化能力上与国外同类产品竞争和抗衡；在现有研发和生产型企业中，非专业化比例较高，相应产品大多为企业附属产品，产值相对较低，在企业内部和地方受重视程度不够；产业链相对完整、产品种类齐全的专业厂家不足 1%；同国际先进水平相比，新品研制仍落后 10 年，而产业化规模生产技术工艺则落后 10 ~ 15 年。中国工程院（2019）开展的"工业化基础再造"课题研究提出，我国传感器企业虽然众多，但大部分属于小微企业，核心技术少，创新能力弱，新原理开发和新器件研发属于凤毛麟角，传感器进口占比 80%，传感器芯片进口占比达 90%。干勇（2017）认为，我国核心元器件产品开发能力差，高速铁路客车、中高档轿车、计算机、高端数控机床、智能机器人等高端装备的核心元器件基本上靠进口。念沛豪和曾建平（2018）基于在内蒙古、陕西两地的调研发现，主机强、零件弱的现象仍未得到根本改善，装备或整机的许多关键零部件仍需进口，一些国产产品进入配套体系仍面临不少困难。

（三）工业软件和控制系统等"软约束"突出

我国在基础领域不仅硬件短板突出，软件差距更加明显，可谓"体不强、心不健"，以工业软件、控制系统等最为突出。工业软件行业壁垒高、项目经验壁垒高、品牌壁垒高"三高"并存。目前，国内工业软件市场被国外企业垄断，国产工业软件发展严重滞后，绝大多数无法与国外工业软件抗衡，只在生产管理类软件的低端市场和生产控制类软件的细分行业偶尔占优势，难以突破欧美软件企业构建起来的生态圈，进入大中型企业核心应用领域的难度很大。目前，关键核心工业辅助设计、工艺流程控制、模拟测试等软件几乎都是清一色的国外企业软件，工业操作系统、工业软件开发平台等重要国产工业基础软件更是全产业链缺失，运行于国产工业操作系统的国产工业控制应用软件几乎是空白。控制系统也是如此，我国大部分控制系统在高可靠性、高稳定性、高环境适应性，以及数字化、智能化、集成化等方面竞争力不足，相比国外先进产品存在较大差距。目前，我国重大工程的关键装备、核心装备、主体装备市场绝大部分被国外企业的控制系统所垄断，尤其是用于广大离散型工厂自动化的PLC（可编程逻辑控制器）系统，西门子、三菱、欧姆龙等跨国企业占据领先地位。

工业和信息化部原信息化和软件服务业司（2017）认为，国产基础软件存在3个方面的问题：一是对核心技术掌握不够深入，产品性能功能、用户体验、稳定性和成熟度等与国外主流产品仍存在一定差距；二是国外企业在技术、产品和市场上长期领先，国内产品突围难度较大；三是生态链相关企业缺乏深度合作，难以形成系统化应用能力，尚未形成良性发展的产业生态。工业软件存在的问题主要包括：一是我国工业软件综合实力较弱，在我国的主要工业领域中，国产工业软件企业的生存空间相对较小，专业独立工业软件供应商的生存能力较弱，关键核心技术和产品能力不强，在产品化、工程化方面与国外企业差距较大，此外，云计算、物联网、大数据等新一代信息技术与工业融合不断深入，给传统的工业软件提供商带来了极大的挑战；二是拓展市场难度较大，国外企业占据国内市场优势地位，主要行业对国产工业软件缺乏信任；三是对嵌入式软件开发和运行平台等基础技术投入不够，专业人才培养缺乏针对性，尤其缺乏复合型人才。念沛豪和曾建平（2018）基于在内蒙古、陕西两地的调研发现，两地重点企业的工业软件普及水平较高，研发设计工具软件的使用率接近100%。然而，目前企业（包括军工企业）所使用的系统软件、设计工具、仿真软件等几乎都是国外产品，"重硬件、轻软件"的观念还未得到根本扭转，软件系统方面发展意愿不强、投入不够。而国内从政府到企业，对大型工业软件的投入不够，缺少国家层面的战略规划来振兴工业软件，即使个别领域突破了，也缺少长期、稳定的用户群体来协助完善，缺少生产经验和工艺流程的知识积累。我国对工艺、技术、标准积累不够，自然就无法形成对整个生产过程的精确模拟。

主要工业软件的竞争格局见表2-2。

表2-2 主要工业软件的竞争格局

应用环节	软件产品	代表品牌
研发设计	产品全生命周期（PLM）、计算机辅助设计（CAD）、计算机辅助工程（CAE）、计算机辅助制造（CAM）、计算机辅助工艺过程设计（CAPP）、产品数据管理（PDM）等软件	西门子、达索系统、PTC、欧特克、华天软件、数码大方
生产调度和过程控制	制造执行系统（MES）、工业自动化系统等软件	西门子、通用电子、ABB
业务管理	企业资源计划（ERP）、供应链管理（SCM）、客户关系管理（CRM）等软件	甲骨文、Salesforce、用友

资料来源：东兴证券研究所等。

（四）关键基础材料受制于人，风险较大

材料从研发到成熟应用通常要经历一个漫长的过程，少则几年，多则十几年、几十年。尽管我国的原材料工业对下游需求的满足程度不断提高，但一些关键领域依然存在"无材可用、有材不好用、好材不敢用"的现象，重大装备制造、重大工程建设、战略性新兴产业及国防军工等领域所需的部分材料产品仍严重依赖进口。屠海令（2015）认为，我国的关键基础材料与世界先进水平相比仍有较大差距，主要体现在5个方面：一是原始创新能力不足，基础支撑体系不健全；二是共性技术研发能力不强，高端产品自给率不高；三是顶层设计和统筹协调不够，存在低水平重复建设现象；四是资源配置分散，产业链不够完整；五是绿色低碳理念薄弱，节能环保有待加强。冀志宏（2016）认为，我国的新材料产业发展有三大难题亟待解决：一是先进基础材料品质不高，产能过剩；二是关键战略材料保障不力，高度依赖进口；三是前沿新材料创新不足，转化率低。中国工程院（2019）开展的"工业化基础再造"课题研究提出，由于很多新材料技术尚未突破，重大装备、重大工程"等米下锅"的现象非常突出。工业和信息化部2018年的调研结果显示，我国的关键基础材料32%仍为空白，52%依赖进口。在石化化工行业中，合成树脂、合成橡胶、合成纤维等领

域的高端专用材料、部分关键单体以及高规格电子化学品的进口依存度偏高（见表 2-3）。在钢铁行业中，我国仍有钢铁短板材料 70 项，主要集中在航空航天、先进轨道交通、海洋工程及高技术船舶、电力装备、汽车、能源石化、高档机床、信息技术 8 个用钢领域，高端轴承钢、高性能模具钢、超高强度不锈钢、航空发动机及燃气轮机用高温合金等的"卡脖子"问题突出。在有色金属领域，航空用铝合金板带和型材、航空用钛合金型材、航空紧固件用钛合金丝材、高纯难熔金属单晶材料、数控硬质合金和金属陶瓷刀具等存在明显短板，精深加工能力尤其不足。在复杂的国际贸易摩擦形势下，如果高端原材料产品和技术装备进口受阻，将给上下游产业和重大工程战略以及国防经济安全造成连锁反应。

表 2-3　我国原材料工业部分短板技术和产品

行业	短板技术和产品
石化化工	有机原料：己二腈、α- 烯烃等。 合成橡胶：丙烯酸酯橡胶、POE 弹性体等高端产品。 合成树脂：特种工程塑料、茂金属聚烯烃、高碳 α- 烯烃共聚聚乙烯、COC/COP 环烯烃共聚物、EVOH 树脂等。 电子化学品：集成电路配套的超净高纯试剂、5N 级以上级别的电子气体、DUV 和 EUV 级光刻胶；TFT 液晶材料、OLED 发光材料、TFT-LCD 用 TAC 膜和 PVA 膜等光学膜及树脂材料；5G 用 LCP、PI 材料等
钢铁	大飞机起落架用钢、机械装备制造用高端轴承用钢、高速铁路用车轴及轴承钢、高铁钢轨养护整形设备用铣刀刀盘和刀片用钢、高标准模具钢、特种耐腐蚀油井管等
有色金属	航空用铝合金板带和型材、集成电路用大直径单晶硅、航空用钛合金型材、航空紧固件用钛合金丝材、航海用钛合金型材、高纯难熔金属单晶材料、数控硬质合金和金属陶瓷刀具等
建材	先进无机非金属材料重大关键基础技术、特种陶瓷、人工晶状体等

资料来源：工业和信息化部原材料司。

三、支撑领域有短板

（一）重大科技基础设施和创新平台不完善

我国重大科技基础设施发展水平与先进科技强国相比存在较大差距，与创新驱动发展战略需求也还有较大距离，一些领域或重要方向的设施布局仍为空白，设施体系的完整性、总体规模、技术水平等都还有较大的提升空间。我国基础共性技术创新体系不健全，原来一些面向行业服务的研究院所改制后，共性技术研发和服务平台缺失，部分行业甚至空白。虽然国家级制造业创新中心等平台建设进入提速期，但平台建设的参与者、主导权、运营模式、激励机制等一系列问题仍有待探索突破。在研发组织上，跨学科、大协作、高强度、开放式的协同创新基础平台尤其缺乏。尽管国内成立了众多技术创新战略联盟致力于实现重大技术突破并向全行业扩散，但受制于研发投入、知识产权、利益分配等问题，始终没有取得实质性进展。

（二）产业基础要素存在严重供给瓶颈

产业基础能力提升首先面临人才制约，即创新型、技能型、复合型人才紧缺。一是基础领域的领军型人才匮乏，全球顶尖的基础研究团队、战略性领域的"帅才""将才"数量偏少。目前国内缺乏能够心无旁骛、长期稳定深耕基础理论的研究人才队伍，难以产生重大原创性的理论和思想成果。二是高层次、高素质的工业技术人才结构性供给不足问题突出。基础领域的知识复杂性、嵌入性高，涉及大量默会知识、专利和 know-how（技术诀窍）。我国的基础人才培养与实际需求略有脱节，普通高校培养本科生的专业目录按宽口径通才教育模式设置，特色工科专业不足，这在一定程度上导致了"四基"专业技术人才的供给缺口。以轴承专业为例，一个综合性、宽口径的机械工程专业的本科生的轴承课时只有数十个小时，人才培养"不精不深"，教育实践环节薄弱。其次是产业基础数据积累不足。工业软件和控制系统长期依赖国外产品，导致国内海量的关键工艺流程和工业技术数据信息未能得到有效整理、存储，面临毁损、流失乃至被窃取的风险。此外，产业基础领域受限于资本回收周期长、风险大等特点，资本关注度低，金融机构往往绕道而走、避而不投。

（三）质量基础设施服务支撑能力不足

由于质量技术的基础性、技术性、专业性较强，社会对其战略性作用的认知度不高。据研究，中国、德国、法国、英国和奥地利等国的标准化对本国经济增长的贡献分别为 7.88%、27%、23%、12% 和 25%。我国国家质量技术基础的概念提出相对较晚，建设仍显薄弱，对经济增长的贡献率偏低，还不能完全满足经济社会高质量发展的现实需要。计量方面，一些领域缺乏计量基准、计量标准以及相关的测量方法和技术。标准方面，标准体系不够合理，标准交叉重复的现象仍然存在，实质性参与国际标准化活动的能力和水平不高，新兴产业领域的技术规则制定权几乎由西方国家掌控。认证认可方面，还没有一项国际通行的认证认可标准或认证认可制度是由我国率先提出的，我国在国际新认证制度建设和引领方面能力不足。检验检测方面，我国现有高性能检测系统和仪器绝大多数是进口品牌，检验检测机构较为分散，基础研究滞后，技术储备能力较弱。

李万（2020）认为，我国的贸易型标准、关键技术标准和可靠性标准少，计量前沿研究能力亟待增强，检验检测设备多为进口，认证认可技术水平跟不上新兴产业的发展需求；计量、标准化、检验检测、认证认可仍需进一步成体系、强溯源、促创新和国际化。张纲等（2016）认为，我国产业质量技术基础存在整体建设水平不高、关键领域的核心技术创新能力不足（标准对产业技术创新的响应不够及时，计量支持关键领域核心技术创新的能力不足，检验检测服务能力无法满足产业的全面需求）、国际化进程与产业需求不相适应（标准的国际影响力和竞争力有待提高，我国获得国际互认的测量能力相对薄弱，检验检测技术水平和服务能力无法满足国际化需求，认证认可对我国产品"走出去"的支持不足）等方面的问题。

四、体制机制制约较为突出

（一）基础领域长效支持政策不足

与长期过度重视和依赖进口形成对比，我国对基础领域重视不够、投入不足，基础能力建设在一定程度上成为被忽视、让之于人的领域。在产业政策上，"重生产轻研发""重主机轻部件""重引进轻自主"导向明显，对市场显示度高的整机及成套设备高度重视、大力支持，对市场显示度低的核心技术和零部件重视不够甚至忽略，如技术引进政策以引进成套生产设备为主，大量进口基础材料和核心基础零部件，对基础领域的技术引进非常不足。在科技战略上，倾向于投资试验发展和应用研究，基础研究与应用研究割裂的问题比较突出。目前我国钢铁行业在基础研究、应用研究和试验发展上的投入比例大致为 2 : 10 : 88，相比欧、美、日等国家和地区存在明显差距。在企业组织上，国际上从事产业基础能力建设的主要是中小企业，而我国中小企业和专精特新企业获得的政策支持力度较小，在创新投入、融资贷款、项目招标等方面障碍重重、困难多多，其发展生态难言乐观。

（二）关键共性技术供给机制有待完善

产业关键共性技术具有基础性、关联性、系统性、开放性等特点，属于竞争前技术，能够在一个或多个行业中广泛应用并产生深度影响。目前，关键共性技术研究被削弱甚至缺位对整体创新造成严重影响，"基础研究→关键共性技术研究→产品开发→产业化"技术创新体系存在重大断链。国际上，美国在 20 世纪六七十年代就聚焦关键共性技术开发建立了数以百计的工业合作研究中心、工程研究中心和科学技术中心，其中最有名的半导体制造技术联盟（SEMATECH）对促进美国集成电路产业的发展功不可没。我国原来一些面向行业服务的研究院所改制后，因其"营利性"与产业关键共性技术研究的"公益性"存在矛盾冲突，逐渐放弃了对关键共性技术和前沿技术的跟踪研究，高水平的、适用于产业关键共性技术的研究越来越难以组织。一些关键共性技术研发项目力量分散，难以形成融通合力，许多研发活动往往因项目完成而终止，研究团队因项目完成而解散，没有形成持续稳定的技术创新攻关机制，对产业关键共性技术研发能力的积累和创新能力的提升造成了一定的影响。

（三）跨部门、领域融合发展机制缺失

基础装备及零部件、基础工艺、基础原材料乃至基础质量设施是互为基础

的。基础领域突破是一个系统工程，需要多领域链条化的创新主体协同才能实现。在技术积累薄弱、历史欠账较多的背景下，通常难以单点攻破。我国基础领域发展不协调，整机、系统、成套设备与工业基础发展脱节、严重割裂，不同行业、各个主体间缺乏供需互动、创新协同和资源整合，导致产业链上下游被严重分割。比如，轴承、紧固件、弹簧、模具等基础零部件的质量和可靠性很大程度上与所使用的材料和制造工艺密切相关，因此很难抛开材料和工艺问题而成功实现零部件质量的实质性突破。再如，行业交叉领域的技术研发短板明显，甚至存在空白。由于机械和电子信息产业融合发展不够，机电一体化貌合神离，存在诸多制约，且上述问题不同程度存在于数控系统、汽车电子等诸多领域。另外，一些企业沿袭"大而全、小而全"的发展路径，缺乏有效分工基础上的高效合作，也对融合发展造成了制约。

（四）产学研协同发展机制不畅

基础领域的企业和科研机构缺乏产学研深度联动，创新成果转化率低，科技产业"两张皮"现象突出。一方面，企业研发机构覆盖率低，对高校和科研机构的方向选择、投入支持不够，没有能力实现核心零部件和关键基础材料突破。另一方面，科研机构的考核机制严重偏离市场需求，既存在关键核心技术攻坚组织方式不合理的问题，也存在国家重大战略需求与单位短期利益平衡的问题，企业的实际需求无法被满足，产学研脱节现象比较严重。此外，国内的科学研究和技术创新存在过度对标甚至照搬西方发达国家的情况，如近年来广为诟病的"SCI指挥棒"问题，以国内经济转型升级和国家重大战略需求为导向的创新攻关却严重不足，导致许多科技创新成果"水土不服"。现实中还存在产学研"虚假合作""表象合作"的情况，一些高校和科研机构对本职、主业不够专注，很多科研项目都提出了技术研发突破、成果转移转化、产业化能力建设等多元目标和要求，过度分散的目标设置导致在科学研究和技术创新上的投入不足，很多专家学者在产业化领域的探索也很低效甚至无效。

（五）基础产品推广应用体制尚不完善

基础领域的技术和产品精度、稳定性、可靠性等要求高，需要在应用中不断调整、扩充、完善，不可能一步到位。国际上具有竞争力的基础产品，无不是通过不断试错来打磨升级技术，经过数十年在"用"中沉淀后，获得行业认可。国外的基础产品供应商在我国国内市场占有率高、竞争力强大，导致国内基础领域的技术和产品突破没有足够的市场空间来推广应用，国内企业产品性能提升和迭代升级的机会严重缺失。由于核心技术和产品的商用生态迟迟未能建立，国内一些基础产品即使在技术上实现了突破，质量性能和产品寿命等方面符合使用要求或已达到国际先进水平，一些部门采购或企业招标过程中也仍然存在"国民歧视"现象，下游用户会以各种借口拒绝使用或人为设置障碍抬高市场门槛，常常以没有业绩为由或利用直接提高技术指标要求等方式剥夺国产基础产品的投标资格。此外，一些用户出于惯性路径依赖等原因，也会对生产制造商提出采购国外基础产品的要求，不愿意承担使用国产基础产品带来的风险。

第三章

主要发达国家提升产业基础能力的经验与启示

产业基础能力直接决定了一个国家产业的质量效益、发展韧性和竞争力。美国、日本、德国等发达国家长期以来高度重视产业基础能力的提升，从国家战略的高度，政企协同推动科学研究和技术研发，围绕计量、标准化、合格评定等核心内容打造高水平国家质量基础设施，大力培养和引进科技创新高素质人才，通过打造"产业公地"（industrial commons）和完善配套政策促进中小企业创新发展。我国应当充分借鉴发达国家的经验做法，构建科技研发的新型举国体制，积极推进国家质量基础设施建设，加强尖端创新人才的培养和引进，营造有利于中小企业创新发展的生态环境，加快提升产业基础能力。

一、积极推动科学研究和技术研发

发达国家大力推动科学研究和技术研发，掌握了诸多重大原创性技术成果，不仅牢牢把控价值链中的高端环节，还掌握了关键技术、设备、元器件、零部件等供应链关键环节的主导权。

（一）将支持基础研究作为国家战略

基础研究是整个科学体系的源头。发达国家长期把支持基础研究作为国家战略。美国是世界上基础研究起步较早的发达国家，美国政府从第二次世界大战起就开始大规模投入基础研究活动。战争结束前夕，时任美国科学研究发展局局长的万尼瓦尔·布什完成了报告《科学——无尽的前沿》，这一标志性事件成为美国此后半个多世纪以来持续实施基础研究国家战略的开端。20 世纪 50 年代，杜鲁门政府促成美国国家科学基金委（NSF）的成立，NSF 成为美国联邦政府实施基础研究资助计划的主要载体。60 年代，肯尼迪政府开始实施阿波罗计划，全力推动空间领域的基础研究。70 年代，尼克松政府投入 1 亿美元，推动实施《国家癌症法案》，全面推进美国生物医学的基础研究。1989—1999 年执政的老布什政府和克林顿政府继续加强基础研究、加大研发投入，并形成了持续 10 年的关键技术识别工作机制，由美国国防部、能源部、商务部和国家航空航天局等部门的负责人以及私营部门、学术机构的专家组建"国家关键技术小组"，每两年开展评估活动并向国会提交《美国关键技术报告》，每期《美国关键技术报告》都会研究并提出其后 5～10 年对美国至关重要的"国家关键技术"清单。克林顿政府于 1994 年发布的《科学与国家利益》中提出了基础研究的 5 个国家目标：保持在所有科学知识前沿的领先地位；增进基础研究与国家目标之间的联系；鼓励合作伙伴关系以推动对基础科学和工程学的投资以及对物力资源、人力资源和财力资源的有效利用；造就 21 世纪的最优秀的科学家和工程师；提高全体美国人的科学和技术素养。进入 21 世纪以后，美国政府在基础研究领域的投入进一步加大。奥巴马政府分别于 2009 年、2011 年和 2015 年发布了科技政策报告《美国创新战略》，提出加大基础研究资助力度，将 NSF、美国国家标准与技术研究院、能源部科学办公室三大基础研究机构的预算增加一倍，以强化美国在基础研究领域的全球领导地位。2017 年特朗普政府执政后，以政府不应过分干预企业研发为由减少了基础研究的投入，但基础研究预算在 2019 年的财政预算中仍占到研发总预算的 23.16%，政府主要削减了一些双边或多边的基础研究国际合作项目，在能源、太空探索、人工智能等领域的基础研究预算不减反增。

　　总体来看，美国在基础研究领域的研发投入资助政策呈现出"政府主导、多元主体参与"的特点。政府部门通过专项支持计划资助基础研究，但在资助内容上坚持适度干预和引导的原则；企业和私人非营利部门通过联合共建研发机构、慈善捐赠等方式，成为基础研究经费投入的重要主体。美国从 20 世纪

80年代末开始先后实施了先进技术计划（ATP）、技术创新计划（TIP）、国家人工智能研究和发展战略计划等重大计划，这些计划对政府介入技术研发均有严格规定，如ATP规定政府只能分担项目研发的部分直接成本，TIP规定政府资助金额不得超过项目成本的50%。NSF的调查显示，在2015年基础研究支出的860亿美元中，联邦机构提供了44.3%，企业贡献了27.2%，企业成为基础研究的第二大投入主体。

（二）政企协同推动关键核心技术研发

在推动关键核心技术研发的过程中，政府部门和企业缺一不可。一方面，以企业为主的私营部门是关键核心技术的需求方，也是关键核心技术研发的主要载体，承担着将关键核心技术转化为现实生产力的重要功能；另一方面，关键核心技术研发单靠个别企业和产业常常难以完成，以短期利润最大化为目标的企业常常没有足够的动力进行中长期基础研究和关键共性技术研究。政府部门只有为企业研发关键核心技术提供长期性、持续性和系统性的战略引导和资金支持，才能有效地整合和配置企业的人才、资本等要素资源，加速实现关键核心技术的突破。

在美国、日本等发达国家的工业史上，政企协同、联动作战的技术研发推进机制常常起到了重要作用。以半导体产业为例，半导体产业最早起源于美国，1947年美国贝尔实验室成功研发出人类历史上第一个点接触式晶体管。美国政府部门和军方长期作为晶体管和集成电路企业、研究机构的研发资助者、标准制定者及重要采购方：从1948年到1957年，美国军方承担了贝尔实验室晶体管研究费用的38%；20世纪50年代中期，美国军方和政府部门对贝尔实验室的资助一度占到晶体管研究经费的50%。同时，美国的半导体研发机构和生产商获得了美国军方和政府部门的大量订单，其半导体核心技术的产业化进程被大大缩短。美国企业由此长期垄断半导体产业的技术和市场。

20世纪70年代，日本政府为全面追赶美国的半导体核心技术，特别是突破半导体工业的关键产品——非存储芯片动态随机存储器（DRAM）技术，采取了"政府部门＋龙头企业＋研发机构"的模式，由日本通产省牵头，联合富士通、日立、三菱、日本电气和东芝五大公司，以及通产省的电气技术实验室、日本工业技术研究院电子综合研究所、计算机综合研究所等研究机构，启动超大规模集成电路（VLSI）技术创新行动项目（以下简称"VLSI 项目"）（见图 3-1），投资 720 亿日元用于进行半导体关键核心技术研发。VLSI 项目使得日本企业在短短 4 年时间内突破了各型电子束曝光装置技术，采用紫外线、X射线、电子束的各型制版复印装置、干式蚀刻装置等关键技术，保证了 DRAM量产的成功率，奠定了当时日本在 DRAM 市场的霸主地位。

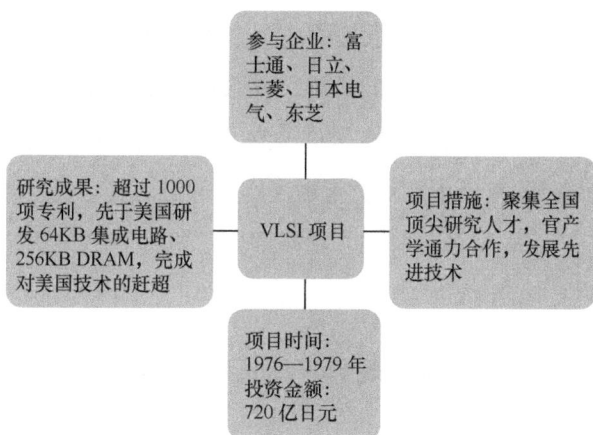

图 3-1　超大规模集成电路（VLSI）技术创新行动项目

资料来源：广发证券发展研究中心。

20 世纪 80 年代中期，美国的半导体产业和关键核心技术开始落后于日本，为重新占据半导体技术制高点，美国国防部高级研究项目局（DARPA）进驻了由英特尔、IBM、惠普、美光、摩托罗拉等龙头企业组成的 SEMATECH，参与联盟的管理和运行，特别是解决了大企业之间恶性竞争的问题，有效整合了各企业的研发力量，重塑半导体供应链的协作关系。与此同时，DARPA 并没有直接接管联盟，而是由各个企业选派懂技术、懂管理、有产业背景的企业家组成联盟的决策团队，最大限度保证产、学、研的高效连接，使美国重新成为全球半导体科技中心。

二、打造高水平国家质量基础设施

国家质量基础设施是一国为推进国家质量建设而建立的由计量、标准化、认可、合格评定、市场监管以及有关政策、服务、法律、规管架构共同组成的完整系统。国家质量基础设施被誉为"解决全球质量问题的终极答案"，国际标准化组织（ISO）把国家质量基础设施中的计量、标准化、合格评定称为"未来世界可持续发展的三大支柱"。从发达国家的经验来看，国家质量基础设施不仅是政府发挥质量监管职能的重要技术支撑，更是获取国际贸易话语权、构筑技术性贸易壁垒的重要工具，以及保障本国产业全球竞争力的"护城河"。德国是打造高水平国家质量基础设施的典范。2000年，德国联邦物理技术研究院首次提出了"质量基础设施"的概念，并获得了德国政府的认可。联合国下属机构国际贸易中心后来将这一概念扩展为"国家质量基础设施"。德国"工业4.0"战略明确把国家质量基础设施建设作为关键内容。目前德国已经形成包含授信、检测、审查、认证、校准、合格评定等机构和相关法律、规范、标准在内的成熟的质量基础设施框架。

（一）将质量标准、规格规范、认证程序等技术性约束上升为国家法律

德国是质量法律体系的先行者。早在1879年，德国就颁布了《食品法》，对食品卫生标准提出了上千条规定，甚至对饮具餐具、配料等制定了细则。20世纪70年代，德国先后制定实施了《食品改革法》《药品法》，对食品、药品的质量安全进行了全面、严格的规定。德国在产品质量监管政策方面还颁布了《反不正当竞争法》《反限制竞争法》《广告法》《商标法》《商品标价法》《商品识别标记法》等20多部法律。德国对参与质量基础设施建设的运营主体也有着严格的法律约束，例如为了保证质量检测认证机构的公正性，德国于2009年制定实施了《认证机构法案》，规定检测认证机构不得进行上市融资活动，尽管这些机构本身的运作也是以企业法人的形式来进行的。完备、严格的质量法律体系为德国制定细分领域的质量标准提供了法律依据，确保了质量标准和各

类规范的权威性。

（二）由政府部门、行业协会、企业等多方参与构建质量管理体系

国家质量基础设施建设是与生产制造一线实际紧密结合的系统性工程，仅依靠政府部门的力量远远不够。德国在推进构建质量管理体系的过程中，充分吸收了业界、学界等各方力量，以确保质量基础设施的中立性、适用性和前沿性。例如，德国认可委员会（DAkkS）是德国产品认证制度的权威管理机构，与我国的中国合格评定国家认可委员会（CNAS）的职能类似，但不同的是，DAkkS 并不完全由政府部门主导成立，而是由德国经济技术部等政府部门参与，以德国化学认可机构、德国检测认可机构、德国技术认可机构等第三方认证机构为主体，同时联合德国标准化学会、德国联邦材料检验研究院、德国工业联合会等研究机构和行业协会共同组建而成。此外，德国政府还通过与德国标准化学会、德国技术监视协会、德国认可委员会、德国联邦技术物理研究院等研究机构签订合作协议，共同推进标准制定、测量测试、合格评定、市场监督等国家质量基础设施建设的核心任务的执行。

（三）推进质量基础设施建设的国际合作

德国作为国家质量基础设施强国，其质量标准、认证程序等被全球各国广泛承认。德国质量基础设施框架下的行业协会、标准化学会等每年都要发布上千项行业标准，约 90% 的标准被欧洲国家及其他各国采用，这推动了德国的产品质量成为全球质量标杆。德国能够在质量标准领域长期处于世界引领者的地位，与德国深度融入质量标准国际合作、能够准确把握国际标准领域的演变动态有着直接关系。德国标准化学会是德国质量标准制定的权威机构，也是德国推进质量基础设施建设国际合作的重要载体。德国标准化学会 1951 年即加入 ISO，并针对 ISO 下设的每一个技术委员会，在其内部单独设立了镜像委员会，负责收集国内该领域的来自企业及社会的意见建议，并总结成为德国在国际标准机构中的国家意见。到 2004 年，ISO 下设 187 个技术委员会中有 29 个由德国标准化学会负责，ISO 的 532 个技术分委员会有 90 个由德国标准化学会负责。因

此，ISO 推行的许多国际标准与德国标准完全兼容甚至相同，这大大降低了德国制造业产品出口的合规认定和检验检测成本。

三、培养引进科技创新高素质人才

科技创新高素质人才是攻克关键核心技术、提升产业基础能力的关键要素，在全球处于科技革命和产业变革前沿的发达国家往往也是人才大国。美国是全球电子信息产业第一强国，其电子信息核心技术、专利和产品创新走在世界前列，拥有思科、高通、IBM 等大型国际公司；与此同时，美国也拥有全球计算机和电子领域顶尖的科技创新人才，在 Guide2Research 网站发布的 2020年度全球计算机科学和电子领域 Top1000 科学家排名中，美国有 616 名学者入选，占据绝对主导地位，排名在前 1% 的 10 位科学家中有 8 位来自美国。发达国家非常重视对科技创新高素质人才的培养和引进，通过提升人才吸引力和集聚度来营造科技创新的良好生态。

（一）做好人才教育培养的顶层设计和计划

美国历届政府围绕科学、技术、工程和数学教育持续推行"STEM 人才战略"。布什政府实施《美国竞争力计划》（ACI），强调培养具有 STEM 素养的人才。奥巴马政府把支持 STEM 教育写进《美国振兴及投资法案》，并先后实施"STEM 国家人才培育策略""竞争卓越计划""新科技教育十年计划"等人才培养计划。日本自 2000 年以来先后实施了"240 万科技人才开发综合推进计划""21 世纪卓越研究基地计划""科学技术人才培养综合计划""最先端研究开发支援计划"等人才计划。这些计划的主要目的是培养一批与产业发展需求高度匹配的理工学科人才，特别是在信息通信技术、生物、新材料等领域打造人才梯队体系。

（二）多措并举引进海外高层次人才

作为高层次人才引进的最大受惠国，美国长期通过绿卡、入籍、签证等方面的优惠政策集聚全球范围内的高素质人才移民，利用富布赖特计划、福特基金会、洛克菲勒基金会等为外国留学生提供巨额奖学金，依托各类国际合作利用项目和科研援助基金项目引进高端人才。2017 年，时任美国总统特朗普签署了《美国移民改革强化就业法案》，该法案加大了对难民和非技术/低技术移民的限制，同时通过移民积分制度吸引高层次人才。欧洲国家也高度重视海外人才引进，如英国政府从 2002 年起开始实施"高技能移民计划"，专门用于吸引高层次海外人才；德国从 2000 年起先后推行"新国籍法""新移民法"，并设立了"国际研究基金奖""亚历山大·冯·洪堡教席—国际研究奖"等科研奖项，用于吸引海外顶尖科研人才。以色列从 1948 年建国以来持续从全球各地吸收高素质人才移民，特别是在 20 世纪 90 年代吸引了超过 6 万名苏联科学家和工程师；21 世纪以来，以色列针对国内优秀人才外流的现象，实施了"以色列卓越研究中心计划""以色列国家引才计划""吉瓦希姆青年引才计划"等，走出了一条"移民吸收＋技术研发"的人才强国之路。

（三）产学研协同培育应用型人才

享誉世界的德国"双元制"职业教育模式是产学研协同培育人才的范例。"双元制"模式高度重视校企合作，企业在培训招生、培训课程内容设置、培训计划制订等过程中起主导作用；学校和科研机构作为"双元制"模式中的另一方主体，在政府主导下配合企业做好基础理论与专业知识的讲授。德国政府通过构建职业教育法律体系，明确了企业在职业教育期间的各种义务（如承担培训费用和员工部分工资），确保员工通过半工半读的方式逐渐转化为应用型高技能人才。"双元制"模式使企业能够持续获得兼具理论素养和实践技能的产业工人、工程师队伍，大大降低了人力资源成本。

四、培育具有创新活力的中小企业

中小企业是行业隐形冠军、单项冠军的后备军。美国、德国等发达国家都拥有一批全球知名的大型跨国制造企业，但这些国家同样重视本国中小企业的发展，把中小企业的创新能力视为塑造制造业供应链优势的重要基础。例如，美国白宫 2018 年发布的特朗普政府任期内首个《先进制造业领导力战略》中提到，美国制造业供应链中几乎所有涉及具体生产制造的场所都是员工少于 500 人的中小企业，促进中小企业发展必须成为联邦政府提升制造业供应链能力的重点。美国和德国等发达国家促进中小企业发展的做法主要有两个方面。

（一）打造"产业公地"，为中小企业提供创新发展的良好环境

哈佛大学管理学教授加里·皮萨诺和威利·史在其著作《制造繁荣：美国为什么需要制造业复兴》中首次提出了"产业公地"的概念，将其概括为由企业、大学、地方机构及其他组织共同构成的网络。在美国制造业国家战略框架中，建设"产业公地"常常被作为提升中小企业创新能力的重要手段。

2012 年美国国家科学技术委员会（NSTC）发布《先进制造业国家战略计划》，其中提到中小企业占美国制造业企业数量的 86%、雇佣美国制造业劳动力的 41%，但研发和应用新技术的能力高度依赖其所在区域的"产业公地"——中小企业所共享的知识资产和大型龙头企业、学术机构、培训机构等组织。这些共享资源能够加速中小企业的创新活动，但中小企业没有能力或意愿单独为建设"产业公地"投资，因此美国联邦政府必须主导并加大对"产业公地"的投资，减少中小企业的研发创新风险。2012 年 3 月，美国联邦政府宣布投资 10 亿美元建设"制造业创新国家网络"。NSTC 2013 年发布的《制造业创新国家网络：一个初步的政策设计》中提到，美国"制造业创新国家网络"由 15 个制造业创新研究所组成，这些研究所的一个重要任务是为中小企业提供适合的信息和服务，允许中小企业参与研发活动或出资购买知识产权许可，帮助中小企业及时了解技术创新的前沿趋势，推动中小企业的工艺创新和产品设计，提供共享设施和专门设备，等等。

2018 年美国白宫发布的《先进制造业领导力战略》这份具有战略指导意义的政策文件指出：中小企业是产品创新、供应链流程创新和商业模式创新的重

要来源，如果中小企业失去活力，将对美国制造业供应链产生巨大的负面影响。这份文件还提到，美国联邦政府必须让中小企业与大型供应商、高校、科研机构和行业协会紧密联系，使中小企业充分融入先进制造业的创新网络，同时为中小企业提供技术创新咨询服务。综上所述，《先进制造业领导力战略》把"充分发挥中小企业作用、构建制造业创新生态系统"作为未来 4 年美国"提升制造业供应链能力"（expand the capabilities of the domestic manufacturing supply chain）的主要战略目标。显然，在美国制造业战略体系中，"产业公地"的概念已经逐渐转化为面向中小企业的创新生态系统，因为中小企业比大企业更加需要具有外部性和共享性特征的技术创新公共资源。可以预见，打造以服务中小企业为目标的"产业创新公地"将持续成为美国制造业战略中的重要任务。

（二）构建有利于中小企业发展的政策体系

促进中小企业发展是美国、德国等发达国家的长期国家战略。德国是名副其实的"中小企业王国"，中小企业数量占国内企业总数的 98% 以上，中小企业创造了全部利税的 50%。德国以隐形冠军企业数量众多而闻名，这些隐形冠军企业大都精耕于细分市场，不追求多元化业务发展，总体经营规模属于中小企业行列，但专业化分工程度极高，在几个甚至单个产品生产制造方面形成极致的技术优势，是德国制造业供应链强大竞争力的来源。为支持中小企业发展，培育隐形冠军企业，德国形成了系统、完备的政策保障体系。

一是设立专门负责服务中小企业的政府机构和部门。德国联邦政府经济部、财政部、科技部都下设专门负责中小企业的机构，各州政府、德国工业协会、工商会也都设有专门负责中小企业的促进部门。德国政府要求境内的工业企业都加入具有行政联合机构性质的德国工商大会，通过德国工商大会为中小企业提供资金和运营帮助；推动建立信息情报中心和培训机构，为中小企业提供各类服务。

二是着力解决中小企业研发投入低、融资困难的资金问题。以中小企业为主要服务对象的德国金融机构多达几千家，包括德国复兴信贷银行、储蓄银行、州立银行、担保银行及合作银行等指定服务银行。2008 年德国开始公布实施"中小企业创新核心计划"，支持中小企业与科研机构的合作，平均每年资助 6000 个项目，总预算累计达到 13.79 亿欧元。德国联邦教研部从 2007 年起长期负责实施"中小企业创新项目计划"，资助生物、医药等领域的中小企业，推动中小企业积极参与新型公共安全服务、技术等方面的研发活动。新冠疫情暴发后，德国政府宣布为中小企业、初创企业和年轻的技术企业提供高达 20 亿欧元的基金支持，将中小企业受到的负面冲击降到最低。

三是营造有利于中小企业发展的竞争环境。德国先后出台了《反限制竞争法》《反垄断法》《中小企业促进法》等法律，维护中小企业的市场平等竞争地位，甚至给予中小企业一部分超越一般法律约束的"特权"，确保中小企业在与大企业的竞争中充分发挥自身优势。以德国《反限制竞争法》为例，该法案严格遵循禁止卡特尔协议的原则，规定任何企业间订立的固定商品价格协议、限制商品产量协议、划分市场区域协议、联合抵制协议等都是违法的。但该方案同时还规定个别合法的特殊情况，如法案第五 b 条规定，中小企业之间订立限制竞争的协议、进行各种形式的合作（如共同销售、采购、生产和研发），只要有利于产业发展、有利于提高中小企业的生产效率，同时不会导致对市场竞争关系的重大损害，就不受该方案的管辖和约束，参与卡特尔协议的中小企业只需向反垄断部门提出申请，但无须征得反垄断部门同意，只要申请在 3 个月内未被驳回，卡特尔协议即生效。总体来看，德国的竞争政策不仅实现了对大企业和中小企业的一视同仁，在部分法律细则方面甚至向中小企业明显倾斜，以确保中小企业在市场中处于有利的竞争地位。

五、启示

（一）加快构建科技研发新型举国体制

党的十九届四中全会提出"构建社会主义市场经济条件下关键核心技术攻

关新型举国体制"。借鉴发达国家的经验,我国科技研发的新型举国体制必须有效统筹政府部门和企业的作用。政府部门应聚焦国家战略需求和关键核心技术短板,做好顶层设计和组织协调,针对关键核心技术短板实施重大研究专项计划和长期稳定的研发资金支持,并在采购自主创新产品、支持"中国制造"方面加大政策倾斜。另外,要避免政府部门对产业的技术创新路线和转化路径进行直接干预,让市场在资源配置中起决定性作用,充分尊重关键核心技术研发和转化的周期规律,使企业成为科技创新的主体,确保"让专业的人干专业的事"。在科研投入方面,要加快构建政府主导、多元投入的投入机制,特别是面向基础研究和关键核心技术领域稳步提高政府部门的经费投入强度,同时进一步完善企业研发税收抵免制度、放宽抵免范围,鼓励企业面向长远发展和行业共性需求增加基础研究和共性技术研发的投入。除国家制定的各类研发计划预算外,应当支持地方政府实施"自选动作",根据当地企业的研发投入强度、新产品销售收入占主营业务收入比重、发明专利拥有量、技术标准获批情况等指标,制定公平、精准、可持续的研发投入支持政策。

(二)积极推进国家质量基础设施建设

十九届中央财经委员会第五次会议提出"将质量基础设施建设纳入国家发展总体规划",建设若干国家级质量标准实验室。近年来,我国的国家质量基础设施建设已经初见成效,但与世界上的制造强国、质量强国相比仍然滞后。统计数据显示,标准化对德国 GDP 的贡献率为 0.9%,对法国和澳大利亚 GDP 的贡献率为 0.8%,均明显高于我国。应当借鉴德国等质量基础设施建设先行国家的经验,将国家质量基础设施建设作为塑造大国制造质量品牌、促进制造业高质量发展的系统性工程,通过立法树立国家质量标准、计量体系的权威性,广泛引入国际先进的质量标准和检测认证技术,主导构建区域性质量基础设施组织,支持企业、科研院所、行业组织等参与国际标准制定,建设一批高水平的产品质量控制和技术评价实验室、产品质量监督检验中心,鼓励我国的检测认证机构走出国门、打造品牌。

（三）加强尖端创新人才培养和引进

关键核心技术竞争的本质是人才的竞争。近年来，我国人才数量迅速攀升，具有国际水平的战略科技人才、科技领军人才、青年科技人才和高水平创新团队不断涌现。与此同时，我国的顶尖科技创新人才数量与美国、日本、德国等国家相比仍有差距，同时大量出国留学的高端科研人才长期流失海外，科学和工程领域的人才滞留率平均达87%。应当进一步加强尖端创新人才的培养和引进，培养一批在重大前沿研究领域具有国际影响力的领军人才，赋予其技术路线决策权、项目经费调剂权、创新团队组建权。建立灵活的科研人员薪酬制度，根据实际情况推行协议工资制、年薪制、项目工资制等多种分配方式，鼓励科研人员兼职创新、在职创业。畅通企业与科研院所合作渠道，支持双方合作共建科研机构，引入"双元制"等国外职业教育模式，打造兼具理论素养和实践能力的创新人才队伍。吸引杰出的留学人员回国就业创业，完善面向高素质海归人才的服务政策体系，实施海归人才创业加速器计划，加大创新创业项目的减税免税力度，解决海归人才家庭生活、子女上学等问题。对于外籍高层次科研人才，加快研究实施人才签证、户籍等管理办法和技术移民、投资移民等法律，依托国家重点实验室和大科学装置发起一批具有国际影响力的国际合作项目，面向全球范围吸引人才。

（四）营造有利于中小企业创新发展的生态环境

中小企业是我国国民经济和社会发展的生力军，是扩大就业、改善民生、促进创业创新的重要力量，是提高我国产业基础能力和产业链完整性的重要载体。长期以来，我国中小企业一直面临融资难、盈利难、创新难等发展难题，这些难题仅依靠中小企业的力量往往难以解决，导致中小企业的存活能力弱、存活周期短，反过来增加了中小企业的融资约束，限制其创新发展。借鉴发达国家扶持中小企业的经验做法，我国应当瞄准智能装备、集成电路、信息通信设备、新材料、新能源、生物医药等重点产业领域，建设一批中小企业创新公共服务平台、产学研协同合作平台和产业链供需对接平台，提高中小企业创新活动和生产经营活动的规模经济性与范围互补性，通过促链成群和"规模作战"打造产业创新生态系统。加大对中小企业的资金扶持力度，建立完善中小企业创新发展专项基金，积极开展银企对接服务和上市综合服务，落实面向中小企业的普惠金融定向降准政策。针对专注于细分产品领域创新的专精特新中小企业，进一步提高研发费用税前加计扣除比重，落实侵权惩罚性赔偿制度，保护中小企业知识产权，培育一批世界一流的隐形冠军企业。深化对中小企业的"放管服"改革，对于市场机制能有效调节的经济活动，减少或不再保留审批和许可，进一步放宽中小企业的市场进入壁垒，通过反垄断、反不正当竞争执法切实保障中小企业公平参与市场竞争的权利，杜绝对中小民营企业的"所有制歧视"，营造有利于中小企业发展的公平竞争环境。

第四章

提升产业基础能力的意义、思路与误区澄清

推动产业基础再造不能仅仅只考虑产业基础技术的攻关突破，还需要研究配套服务体系和基础设施的完善，企业主体的培育，创新领军人才、工匠人才和企业家等人才要素的支撑，产业链的协作联动，政策环境的改革创新，等等。这是一个非常大的系统工程，必须高度重视、系统设计、统筹谋划，切实加以推动。

一、提升产业基础能力的重要意义

（一）突破产业链安全瓶颈和构建新发展格局的重要支撑

当前，百年变局深刻影响着全球产业链、供应链的发展逻辑，也重塑着国内、国际的经济发展格局。一方面，疫情加速了全球产业链的分散化、本地化和多元化趋势，全球产业链面临重构。另一方面，某些发达国家加快推动制造业回流，并通过加征关税、出台出口管制"实体清单"等，对我国的高技术产业进行精准打击。我国长期"造不如买"的发展模式，导致高技术企业在重要基础领域对西方国家过度依赖，"缺芯少魂"让产业发展感受到切肤之痛，严重影响了产业链的安全和稳定。加快实施产业基础再造工程，突破产业链关键环节和瓶颈制约，守住产业链的安全底线，提升我国战略领域的控制能力，对于加快形成以国内大循环为主体、国内国际双循环相互促进的新发展格局具有重要的支撑作用和战略意义。

（二）引领新一轮科技革命和产业变革的必由之路

一代科技革命奠定一代产业基础。"十四五"及之后一个时期是全球新一轮科技革命和产业变革由孕育兴起向突破发展演化升级的关键过渡期。全球范围内 5G、人工智能、物联网、生命科学、量子科技、新能源、新材料等新技术快速兴起，重大技术创新及其应用酝酿爆发，将会引发产业体系的深刻变革。美国、德国、日本等主要发达国家为在新一轮科技革命和产业变革中抢占先机，纷纷出台战略和重大政策，如德国提出"工业 4.0"战略、美国大力发展工业互联网、日本实施"机器人战略"等，各国抢占科技革命制高点的竞争异常激烈。我国能否在新一轮科技革命中脱颖而出，实施产业基础再造工程是关键。必须瞄准新一轮科技革命和全球科技产业竞争的方向，夯实支撑智能经济、数字经济、生物经济、绿色经济和空天海洋经济创新发展的产业基础，重构和再造适应新一轮科技革命和产业变革需要的产业技术基础、人才支撑体系、基础设施体系和政策支持体系，才有可能在未来的大国竞争中把握先机。

（三）推动我国产业高质量发展和建设制造强国的重要抓手

实践充分证明，越是基础的零部件、材料和工艺，越能代表一个国家的核心竞争力。美国、德国、日本等制造强国都把高技术含量、高附加值的基础领域作为经济发展的核心竞争力予以维护。当前，我国连续多年稳居全球制造业第一大国，220 多种工业产品产量位居世界第一，建立了门类齐全、体系完整、规模庞大和具有较高技术水平的产业体系。但制造业大而不强，与国际先进水平差距较大，主要原因是基础材料、工艺、元器件等产业基础与国际领先水平存在较大差距。如果不能补齐基础能力短板，我国产业转型升级的空间就会被大大压缩，产业发展就摆脱不了"跛脚巨人"的尴尬地位。为此，必须加快实施产业基础再造工程，构建强大的标准、软件、材料、设备、零部件等产业基础体系，提升产业链的控制力和价值增值能力，实现制造业由大向强的转变。

二、实施产业基础再造工程的总体思路

我国实施产业基础再造工程的总体思路是：坚持以习近平新时代中国特色社会主义思想为指导，按照**"点链协同、企业主体、有限目标、分类施策"**的方针，充分发挥集中力量办大事的制度优势和超大规模的市场优势，把握一个核心，培育两大主体，强化"要素—平台—制度"三维支撑，促进四个结合，实施五大任务，构建**"一二三四五"**政策体系（见图 4-1），加快突破"卡脖子"瓶颈约束，努力实现**能力再造、体系再造和制度再造**，积极构建和再造具有世界先进水平、支撑产业高质量发展、产业链现代化和以国内大循环为主体、国内国际双循环相互促进的新发展格局的产业基础体系。

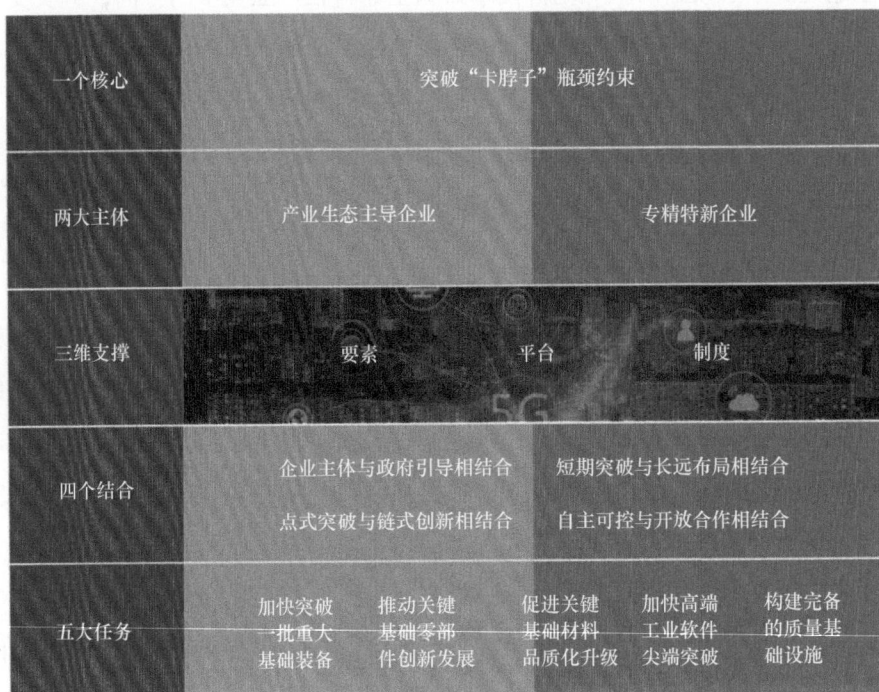

一个核心	突破"卡脖子"瓶颈约束				
两大主体	产业生态主导企业			专精特新企业	
三维支撑	要素		平台	制度	
四个结合	企业主体与政府引导相结合		短期突破与长远布局相结合		
	点式突破与链式创新相结合		自主可控与开放合作相结合		
五大任务	加快突破一批重大基础装备	推动关键基础零部件创新发展	促进关键基础材料品质化升级	加快高端工业软件尖端突破	构建完备的质量基础设施

图 4-1　"十四五"时期实施产业基础再造工程的思路与重点

其中，"一"是指把握一个核心，即突破"卡脖子"瓶颈约束，使我国产业链关键领域受制于人的局面得到根本缓解。

　　"二"是指培育两大主体，要加快培育壮大产业生态主导企业和专精特新企业这两类能突破产业技术瓶颈、提升产业基础能力的企业主体。

　　"三"是指强化三维支撑，指通过强化"要素—平台—制度"三维支撑，完善要素资源向产业基础领域有序流动机制，搭建支撑产业基础发展的基础性平台和基础设施，优化产业基础领域的发展环境，形成有利于产业基础能力提升的相关制度性安排。

　　"四"是指促进四个结合，即坚持企业主体与政府引导相结合、短期突破与长远布局相结合、点式突破与链式创新相结合、自主可控与开放合作相结合，这是实施产业基础再造工程必须坚持的重要原则。

　　"五"是指实施五大任务，重点推动重大基础装备、关键基础零部件、关键基础材料、高端工业软件和质量基础设施等产业基础领域的突破和升级，推动整机和零部件、生产和应用、软件和硬件协同发展，这是提升产业基础能力需要重点突破的主要领域。

（一）把握一个核心：突破"卡脖子"瓶颈约束

　　推动"卡脖子"技术突破是实施产业基础再造工程的核心任务。从产业基础能力现状、瓶颈制约因素、国际竞争态势和未来发展重要性几个维度考察，我们把产业基础分为"补基础""稳基础""强基础"3个领域。

1．"补基础"领域

　　这主要是指国内产业基础几乎空白或技术水平与国外差距极大，国外已经构建了很强的专利池和产业发展"护城河"，且对我国"卡脖子"束缚比较明显的领域。对此，需要加快技术突破和集中力量攻关，着力补短板，降低"卡脖子"领域受制于人的风险。这是当前实施产业基础再造工程的重中之重，主要任务是补短板、打造"备胎"和拓展多元化供应渠道。必须发挥集中力量办大事的政治优势和体制优势，实施**基础突破工程**，重点实现"从无到有"，围绕30项左右的"卡脖子"产品和技术实施"突破工程"，聚焦单靠企业力量无法打造的"基础之基础"，集中力量，统一指挥，中央、地方联动，国企、民企协同，力争在 3～5 年时间内实现突破。具体路径如下。

一是战略突破补基础。 发挥新形势下集中力量办大事的新型举国体制优势，依托中国科学院等科研院所、企事业单位研究机构、各类民间创新和研发机构等现有战略力量，以新的机制组建一批国家产业技术研究院、国家实验室和产业创新中心等新型研发机构，滚动编制科技攻关清单，明确攻关目标和路线图，集合产学研力量力争取得战略技术的突破和创新发展。

二是战略"备胎"补基础。 实施断链断供替代行动，推动龙头企业建立同准备份、降准备份机制，编制本土化供应清单和供应商目录，通过本土替代尽快备份。重点是实施"备胎"打造计划，不追求产品和性能的绝对领先，只是作为战略储备，降低"卡脖子"领域产业链的安全风险。

三是全球精准合作补基础。 推动开展多元化采购，加强国际技术和贸易合作，加快拓展第二技术来源国。深化与欧盟等国家和地区的合作，强化与日韩等邻近国家和地区的产业合作，支持企业开展海外并购和国际合作。聚焦标志性产业链和关键产品，加快绘制重点产业链精准合作图，建立产业链补链延链项目库，精准招引一批产业带动强、科技含量高、经济效益好的外资重大项目。

2. "稳基础"领域

这主要是指国内有一定基础和比较优势，基本可以实现国产替代，但可靠性和稳定性比较差，需要强化政策配套，着力稳基础，进一步夯实稳固产业基础，为拓展产业发展空间和产业链升级提供支撑的领域。主要任务是实施"**基础追赶工程**"，协同推进点式突破与链式创新相结合，"由点及线、由线及面、点线面结合"共同推进，聚焦小试、中试、试验验证、检验检测等工程化"市场失灵"阶段，破解基础领域的协同创新和市场化应用难题，使我国已具备基础的产业基础领域产品和技术尽快得到应用和推广，加快提升质量和性能，争取达到国际领先水平。具体路径如下。

一是"一揽子"技术突破稳基础。 聚焦新一代信息技术、高端数控机床和机器人、航空航天装备、新材料、生物医药及高性能医疗器械五大领域，以及集成电路及专用设备、操作系统与工业软件、高档数控机床、机器人、飞机和航空发动机、新材料、生物医药、高性能医疗器械八大产业发展需求，梳理产业基础薄弱环节、技术和产品，制定年度攻关清单，逐一解决。

二是"一条龙"链式创新稳基础。围绕基础装备、关键零部件、基础工业软件和关键基础材料等重点领域，以重点产品为龙头进行全产业链持续创新能力建设，集中产品上中下游关联企业进行创新要素的集中投入，开展协同创新，解决"下游不信任上游，上游找不到应用场景"的矛盾和国产化应用难题。以产业需求和技术变革为牵引进行产品全生命周期创新能力建设，以生产制造为主体，整合高等院校和科研院所、试验验证单位、应用（消费）单位，加快融入人工智能技术，实现关键工艺和技术的创新突破，加快产品迭代研发，解决产品技术能力滞后、竞争力薄弱的问题，应对颠覆性技术涌现。

三是"一体化"集群发展稳基础。结合国家战略性新兴产业集群和国家先进制造业集群建设任务，重点关注和支持一批基础领域的产业集群。按照专业化、特色化、集群化的思路，以基础领域的特色园区为依托，发挥集聚区的辐射带动作用，引导基础领域企业区域聚集，培育一批专业特色明显、服务体系完善、技术水平先进的产业聚集区。

3."强基础"领域

这主要是指和发达国家处于同等水平，有望通过夯实产业基础，着力锻长板，打造"撒手锏"技术，在换道超车及抢占全球新一轮科技革命和产业变革前沿中形成自己独特的战略优势的领域。根据"技术—产业链—市场"三维分析框架，我们识别出当前最有基础和潜力率先实现超车的领域是生命健康、新能源与智能汽车、空天海洋、5G和人工智能。这5类产业领域"强基础"的主要任务是实施**基础争先工程**，积极构建有利于产业基础能力提升的制度环境，从长远战略角度推动一批引领新一轮科技革命和产业变革的产业基础技术和产品实现突破，努力打造"撒手锏"技术，锻造产业链供应链长板，形成局部领域的领先优势和反制"卡脖子"约束的非对称制衡能力。具体路径如下。

一是前瞻布局强基础。加大基础研究和前沿研究投入，完善财政、金融、税收等政策支持，制定长期稳定支持基础研究发展的政策体系，建立有利于原始创新的评价体系和激励机制，创造有利于基础研究的良好科研生态，推动涌现更多原创性重大理论突破成果。加强数学、物理、化学、生物等基础学科建设，培养基础学科研究的后备人才团队。聚焦类脑智能、量子信息、基因技术、未来网络、深海空天、氢能与储能等前沿科技和产业变革领域，加快基础技术突破和产业化发展，大力培育未来产业。

二是夯实人才强基础。抓住全球人工智能、生命健康等领域华人科学家回流国内的契机，加快顶尖人才、领军科学家和团队的引进，通过招引和培育一批顶尖科学家和产业技术突破实用人才，形成核心技术突破和产业化发展的先导优势，布局制衡美国"卡脖子"的先手棋，占据相关产业发展的制高点。实施青年科学家长期项目，给予一批 30～40 岁具有高级职称或博士学位、有志于从事科学研究的优秀青年科学家长期持续的稳定支持。

三是场景创新强基础。创新政府支持方式，发挥我国超大规模的市场优势，鼓励发展平台经济，扩大信息技术和智能化数字化应用场景，为产业基础能力提升提供有效需求支撑。通过政府采购为先进前沿技术成果应用提供市场支持，把基础领域创新技术和产品纳入首台（套）、首批次保险补偿支持范畴，加大对基础领域补短板的支持力度。支持党政军机关和金融、电力等部门加大基础领域新产品的采购力度。

（二）培育两大主体：产业生态主导企业和专精特新企业

企业是提升产业基础能力的重要载体。要围绕基础装备、基础零部件、基础工业软件、关键基础材料这"产业四基"，铸造聚焦基础产品和技术研发生产的企业群体。

一是加快培育产业生态主导企业。抢抓全球产业体系重构契机，推动本土企业在研发设计、技术创新、生产管理、品牌建设等方面取得突破，培育壮大一批掌握关键核心技术、拥有知名拳头产品、具有重要品牌影响力和产业链控制能力的产业生态主导企业。发挥产业生态主导企业"超级用户"的引领和集成作用，支持其通过市场采购、专业化分包等方式给予坚守制造业的产业基础领域中小企业持续稳定的订单，以下游需求拉动上游技术突破，推动建设联系更为紧密的技术创新联盟，形成多元主体协同创新的高效组织，推动基础零部件和核心技术的开发，与关键零部件供应商、基础材料和设备供应商等形成良好的大中小企业共生发展生态。

二是大力培育专精特新企业。从国际上来看，从事产业基础能力建设的主要是中小企业，掌握关键零部件（元器件）、关键基础材料和工业软件领域核心技术的专精特新企业和隐形冠军企业是制造强国建设的重要力量。德国拥有1300多家单项冠军企业，而我国只有260家左右。应开展全国产业基础能力调查，评估产业基础能力现状、短板和弱项，制定产业基础再造工程重点培育企业名单，以提升基础产品、关键基础材料、核心零部件研发制造能力，基础软件研发能力，先进基础工艺水平和尖端设计能力为目标，加快建立分类分级、动态跟踪管理的专精特新企业梯队培育清单，给予企业长周期持续稳定的支持，加快培育一大批主营业务突出、竞争力强的专精特新中小微企业，打造一批专注于细分市场、技术或服务出色、市场占有率高的单项冠军企业。发挥东部沿海地区产业基础实力雄厚、中小企业较多的优势，着力引导各个行业挖掘培育一批专精特新冠军企业，通过加大媒体宣传力度、给予高新技术企业税收减免政策待遇、实施增值税返还等支持，加快培育制造业隐形冠军企业。

（三）强化"要素—平台—制度"三维支撑

从要素层面看，产业基础能力提升对人才的供给结构和质量素质提出了新的更高要求。为此，需要创新人才培养模式，弘扬精益求精的工匠精神，大力培养具有科学探索精神的基础领域创新型人才，掌握先进制造技术的工程师人才、技能型工匠人才，以及现代企业经营管理人才。此外，也要畅通数据、技术、资金等要素向产业基础领域有序流动的渠道，夯实产业基础能力提升的要素支撑。

从平台层面看，要加快构建支撑产业基础发展的基础性平台和基础设施，加大力度支持产业发展所需要的智能标准生产设施、技术研发转化设施、检验检测认证设施、职业技能培训等公共服务平台建设，完善科研成果中试、产品创制试制和模拟应用场景等成果工程化应用平台，夯实重大科技基础设施、新一代信息网络等新型基础设施的支撑能力。

从制度层面看，通过深化改革，进一步降低产业基础领域融资、用能、人工、用地、物流等的成本，加快打造市场化、法治化、国际化的营商环境，完善新型技术攻关突破机制、产业政策长效支持机制、产业基础领域人才活力激发机制、全产业链协作机制、国企支持产业基础再造机制和国内国际协同创新机制，为产业基础能力提升营造良好环境。

（四）促进四个结合

1. 坚持企业主体与政府引导相结合

遵循市场规律，充分发挥各类企业在产业基础再造中的主体作用，依靠市场机制更好地识别机会、抓住机遇、寻求突破。加强政府引导，进一步深化改革，优化基础能力提升的政策体系，完善支撑产业基础发展的要素市场和平台设施，强化有效的正向激励，形成有利于产业基础能力提升的产业生态。

2. 坚持短期突破与长远布局相结合

从短期来看，要着力"补短板""应亟需"，按链条梳理基础领域的薄弱环节，聚焦并明确产业基础再造工程的重点，加快突破"卡脖子"瓶颈约束。从长远来看，要着力"锻长板""拓优势"，全面夯实产业基础能力，再造有利于产业基础能力提升的制度环境，推动一批引领新一轮科技革命和产业变革的产业基础技术和产品突破，打造"撒手锏"，形成引领未来发展的产业基础优势和相互制衡能力。

3. 坚持点式突破与链式创新相结合

大力推进点式突破与链式创新相结合，在突破关键核心技术的基础上，着力推动产业链上下游产品设计、材料开发、工艺开发、装备制造、示范应用推广等企业和机构协同联动，构建国产首台（套）、首批次产品大规模市场应用的生态系统，解决不愿用、不敢用国产化技术和产品的难题。

4．坚持自主可控与开放合作相结合

强化自主发展，以关键共性技术、前沿引领技术、现代工程技术、颠覆性技术创新为突破口，努力实现关键核心技术自主可控，形成自主发展能力。扩大对外开放，积极利用全球资源和市场，深化与全世界一切科技创新强国的产业和技术合作交流，打造基础领域以国内大循环为主体、国内国际双循环相互促进的新发展格局。

（五）实施五大任务

实施产业基础再造工程的主要任务是推动重大基础装备、关键基础零部件、关键基础材料、高端工业软件和质量基础设施等产业基础领域的突破和升级，推动整机和零部件、生产和应用、软件和硬件协同发展。

1．加快突破一批重大基础装备

以数控机床及智能装备、电子专用装备、重大成套加工装备、精密仪器仪表、高端医疗器械、航空航天装备及其他关键专用生产设备、专用生产线和专用检测系统为重点，协同上下游产业链和研发、制造、应用环节，统筹组织实施一批"高端前沿装备创新工程"和"重大短板装备攻坚工程"，突破关键共性技术及工程化与产业化瓶颈，切实提升自主设计水平和系统集成能力，提高产品的可靠性、精确性和智能化水平。

2．推动关键基础零部件创新发展

关键基础零部件是解决"卡脖子"问题的重点，也是拓展产业发展空间、推进固链稳链强链、提升国际分工地位的重要环节。要围绕装备基础技术与关键零部件，加快突破关键共性技术，建立健全基础数据库、工业试验验证平台和安全保障制度，大幅提高重大成套装备的自主配套能力。加快提升基础零部件的研发制造能力，重点开展超常工况下高速精密重载轴承、高参数齿轮及传动装置、高端数字液压件、高频响气动元件、高可靠性密封件、高强度紧固件、高灵敏度传感器、超精密控制器驱动器、精密高效多功能模具、高速链传动系统、高应力弹簧、高强度联轴器、高密度粉末冶金件等通用性基础零部件

的攻关突破。针对高档数控机床与基础制造装备、先进轨道交通、新能源与智能网联汽车、医疗装备、核电装备等高端装备专用型零部件，开展跨行业协同创新攻关。

3. 促进关键基础材料品质化升级

面向先进制造业、战略性新兴产业、国防军工等领域的关键基础材料需求，以50种有望在5年内实现规模化应用和进口替代的关键短板材料为突破口，瞄准高分辨率光刻胶、高纯度溅射靶材、航空钢材、特殊钢关键品种、轻质高强合金材料、燃料电池材料、大直径硅片、高性能树脂及改性材料、特种工程塑料、高性能橡胶及弹性体、功能性膜材料、高性能纤维及其复合材料、专用化学品、人工晶状体等短板薄弱环节，逐步提高原材料产品的稳定性、可靠性、耐久性和一致性，加快实现批量化生产和应用。按照"原料生产＋终端应用"的思路，鼓励在整机和系统开发初期制订基础材料需求计划，支持发展面向不同用户需求层次的EVI（供应商早期介入研发）合作类型和制定一揽子解决方案，推动材料与终端产品同步设计、系统验证、批量应用多环节协同共进、耦合发展，解决"无材可用、有材不好用、好材不敢用"的问题。

4. 加快高端工业软件尖端突破

软件定义制造，高端工业软件是装备的大脑。要以提升装备领域安全可靠软件产品的供给能力为出发点，面向军工、电力、冶金、汽车、民用航空、工业机器人、医疗器械等重点领域的装备产品，加快研发重大基础装备支撑软件，推动工业基础软件、工业控制软件、经营管理软件、嵌入式软件等国产化应用突破。对标CAD、CAE、EDA、MRO和BIM等国外软件，加快提升国内基础工业软件的功能、稳定性和成熟度，推进三维几何建模引擎、求解器等关键核心技术攻关。加快突破工业互联网关键核心技术，发展5G工业应用、边缘计算等新技术，深化装备企业、平台企业、中间渠道商、物联系统集成商、信息技术服务商等的合作，打造互补合作的自主开源生态。

5. 构建完备的质量基础设施

质量基础设施为产业基础能力提升提供了标准和规范，是推动基础领域质量提升的重要基石。要加快实施国家质量基础设施提升工程，瞄准产业发展需求，加强计量、标准化和关键检验检测技术的一体化建设，建设一批产业技术基础公共服务平台和计量、标准化、检验检测机构，健全工业基础技术数据库、基础制造工艺资源环境属性数据库和知识产权专题数据库，提升计量测试、标准研制、检验试验、成果转化、认证认可、知识产权等公共服务能力。推动 5G+工业互联网创新发展，构建自主可控标识解析体系，着力突破一批不同行业领域的高精度工程测量仪器、科学实验仪器和检验检测仪器，培育壮大一批专业化水平高、技术实力强、具有行业影响力和国际影响力的龙头服务企业和品牌，积极主导制定和推广以我国为主的国际标准。

三、实施产业基础再造工程需要澄清的三大误区

（一）误区一：所有"卡脖子"技术都要尽快攻克

我国依赖发达国家的技术大致可以分为两类。一类是必须使用国外技术，没有"备胎"，可称为"卡脖子"技术，由于没有替代，短时间内不可能研发攻克。技术断供会导致依赖这类技术的企业停产，关键零部件的缺失又会带来产业链断裂的问题，进而导致产业链上下游企业全部停产。另一类是国外技术可以提升我国企业产品的性能，即使没有国外技术，也能找到性能相对较差的"备胎"替代，但最后集成的产品性能会大打折扣，可称为"卡脚脖子"技术。美国等发达国家若实施技术断供，我国制造业毫无疑问会受到很大的打击，因此需要加快攻关依赖国外的"卡脖子"技术，但这并不意味着我国需要加快攻关包括"卡脚脖子"技术在内的所有"卡脖子"技术。

一方面，"卡脚脖子"技术断供带来的损失相对较少，在短期资源有限的情况下，需要集中力量攻关损失风险更大的"卡脖子"技术。对于"卡脚脖子"技术，有"备胎"的企业能迅速扶正"备胎"，在经历前期的艰辛磨合后，也会变得越来越好。比如，华为不能使用安卓系统，第一时间启动鸿蒙系统，鸿蒙系统在开始阶段可能确实不好用，但至少比没有强，经过一段时间磨合，越

来越好，很多基于安卓系统 App 的开发者也会开发鸿蒙版 App，鸿蒙生态逐渐形成。但对于先进制程的芯片，国内没有可替代产品，若相关企业遭遇技术断供，则有可能导致高端智能手机产业链因为缺芯而停滞。另一方面，我国大量使用依赖国外的"卡脚脖子"技术，是我国制造业发挥比较优势、充分利用国际创新资源的体现，有利于我国提升集成产品的先进性和竞争力。华为在通信设备和智能手机领域的先进性，是华为技术先进性的体现，更是其全球供应商先进性的体现。若我国撇开这些先进技术不用，反过来百分之百地推动国产化，会大大降低我国头部企业产品的先进性和竞争力，还可能带来我国科技产业与国外的脱钩，不利于我国与国外进行先进技术的交流合作，过度的"科技自立"可能会带来技术"闭关锁国"的风险。

特别需要注意的是，对于当前发展阶段的我国而言，尽管所有"卡脖子"技术并不需要短期攻关解决，但"卡脖子"技术较多却是我国制造业的全球价值链地位不高的重要原因，逐步攻关"卡脖子"技术是未来我国提升全球价值链地位的重要路径和手段。以华为为代表的国内企业覆盖产业链的多个生产环节，但企业利润率不足 10%，而主要提供芯片等关键零部件的英特尔等美国企业的利润率却超过了 10%，美国半导体巨头美光的企业利润率更是高达 46.51%。

（二）误区二：要像造原子弹一样攻关"卡脖子"技术

很多人有疑问：原子弹我们都能自己造，为什么还会被这些技术"卡脖子"？为什么不举全国之力来干这件事？对于原子弹这种国防工业的重大技术突破，举国体制较为有效；但对于大国工业而言，传统的举国体制也会带来较大的风险。**一是造原子弹是解决有无的问题，**只要能造出来，成本可以高一点。但对于工业制成品而言，成本高了，可能企业就很难通过市场回收成本赚取利润，就难以促进产品持续研发、改进，也就无法可持续地推动技术进步。**二是造原子弹是方向明确的事情，**可以举全国之力；但对于工业制造而言，现在的"卡脖子"技术可能在未来一段时间会被市场淘汰，举全国之力的风险极大。如日本在 20 世纪实施产业政策，集中全国力量研发攻关超大型计算机，但几年之内，随着个人计算机的兴起，超大型计算机被历史淘汰，日本的努力几乎付诸东流。

"卡脖子"技术攻关的难点和制约主要有以下几点。一是发达国家的核心技术是几十年甚至上百年工业发展积累的产物，后发国家很难在短时间内超越它们。因此，在过去的一段时间，对于这类核心技术和关键零部件，普遍的观点是"造不如买，买不如租"。二是即使我国在这类核心技术和关键零部件上有了新的突破，产品也可能卖不出去，因为没人敢第一个用这种产品。如果产品不被使用，就无法通过工业实践试错改错来提升产品性能，没有足够多的企业使用，产品的生产和研发就无法形成规模经济效应，产品成本就会居高不下，形成恶性循环。三是行业生态已经形成，很难切入。很多消费者习惯使用安卓系统，App开发者基于安卓系统做开发，鸿蒙系统用的人少、App开发者也少，消费者体验不够好，鸿蒙系统还需大力推广。中美发生贸易摩擦后，很多国内企业都开始寻求供应链本土化，提前做好应对准备。但只要还有国际贸易和合作，"卡脖子"技术水平短期内很难超过发达国家，我国就一定还会依赖进口，就一定存在"卡脖子"技术问题。

总而言之，"卡脖子"技术的攻关难点是全球市场竞争的结果，以举国体制攻关"卡脖子"技术不仅事倍功半，可能还会降低我国企业的市场活力和全球竞争力。不过当前我国企业"卡脖子"技术的安全风险剧增，这会促使本土企业加强国产化替代和加大力度攻关"卡脖子"技术，政府则可配合企业，加大产业政策对"卡脖子"技术攻关的支持力度。

（三）误区三：攻关"卡脖子"技术是一劳永逸之工程

改革开放以来，我国充分发挥后发优势，不断承接欧美发达国家的产业转移，逐步发展成为世界制造业规模最大的国家，但同时也遇到了"卡脖子"技术问题。部分人士认为，"卡脖子"技术问题是当前我国制造业发展面临的一个短期问题，但从长期来看，只要这些"卡脖子"技术问题取得较大突破、得到有效解决，我国就不怕欧美国家对我国实施技术断供了。

以上这一说法具有片面性。事实上，我国制造业的"卡脖子"技术问题是我国制造业在过去 40 多年发展模式下的产物。改革开放以来，全球化加速中间产品贸易发展，我国凭借劳动力成本等优势，在新的全球贸易模式下深度融入全球产业链，在欧美发达国家制造业产业链不断向上延伸、向下转出的趋势下，加快承接加工组装等制造业下游环节，并逐步向上延伸，快速做大做强制造业。在这一发展模式下，欧美发达国家提供上游技术和源头技术，这些国家若实施技术断供必然带来诸多"卡脖子"技术风险问题。换言之，我国面临的"卡脖子"技术问题实质是全球产业链、创新链割裂背景下我国制造业的长期发展模式难以为继的短期表现，长期来看则表现为失去创新的源头活水。因此，"卡脖子"技术问题的攻克并非一劳永逸之工程。欧美发达国家的技术断供可能还会给我国带来创新源头活水被截流的风险，我国亟须提升基础教育、基础研究和前沿技术开发在我国经济发展中的地位，提升自主创新能力，夯实产业基础能力。

第五章

推进重大基础装备和基础零部件产业发展的问题、思路与对策

重大基础装备是关系国家安全和国民经济命脉的战略产品，包括高档数控机床、工业机器人、专用生产设备、智能仪器仪表等，是国家工业化水平的主要标志和综合实力的集中体现，技术难度大、关联度高、成套性强，是增强制造业核心竞争力，推进制造强国建设的关键领域、主战场。基础零部件品种规格繁多、量大面广，包括轴承、齿轮、模具、液压件、气动元件、密封件、紧固件等，是装备制造业不可或缺的重要组成部分，直接决定着重大基础装备产品的性能、水平和质量。当前，我国重大基础装备和基础零部件存在明显短板，部分领域还没有掌握自主核心技术，产品质量和技术标准相比发达国家还有较大差距，对外资企业和进口依赖程度偏高，从而影响了产业核心竞争力、国际分工地位和效益增值水平。亟须聚焦智能装备及零部件、电子制造装备及零部件、重大成套加工装备、关键基础零部件、智能仪器仪表和高端工业软件等重点领域，通过组织实施一批关系安全和战略发展的重大装备攻坚工程，搭建链条式创新共同体，优化跨领域协同创新机制，加强计量标准、计量检测、认证认可等质量基础设施建设，完善示范引领、首购采购等产品市场化应用政策体系，加大对全球研发创新、资源整合、市场开拓等的政策支持力度，努力提升我国重大基础装备和基础零部件产业发展的水平。

一、我国重大基础装备和基础零部件产业存在的主要问题

（一）部分重大基础装备供给短板突出

装备产业是国际竞争最激烈的领域之一，也是发达国家最具竞争优势、对我国封锁打压最密集的领域之一。例如，德国装备制造商在 32 个细分装备领域的 16 个领域中居世界第一，掌握着这些领域的主导权。由于发展起步晚、技术差距较大，目前我国在部分重大基础装备领域仍然存在明显短板，高度依赖进口，部分领域甚至存在技术和供给空白。根据中国工程院开展的"工业化基础再造"课题研究，我国在高档数控机床、机器人、集成电路及专用设备、飞机和航空发动机、高性能医疗器械等领域与主要制造强国差距大或巨大。如高端数控机床，85% 的国内市场被日本的发那科、牧野和马扎克，德国的 DMG 和哈默，美国的哈斯等跨国企业控制，95% 的数控系统依赖西门子等跨国企业。再如关键集成电路装备，具有灵敏度高、技术难度大、成本投入高、市场格局固化等特点，国内外企业技术差距显著。在全球高端光刻机市场，荷兰阿斯麦一家独大，日本的尼康和佳能公司也有一席之地，我国在前道光刻机上严重依赖进口。实践证明，市场可以换技术，但是重大基础装备的关键技术是引不进、换不来的，必须自主创新突破。

（二）关键核心装备质量性能差距明显

尽管我国在重大基础装备研发和生产上的资金、政策支持力度很大，并且取得了显著效果，但在多数关键技术装备领域，产品性能、环境适应性、使用寿命、质量可靠性等与世界先进水平还有较大差距，相应产品尚不能完全适应重大基础装备的高质量发展需求。例如，国产五轴联动数控机床连续无故障时间仅为国外先进水平的 2/3，精冲模的寿命一般只有国外先进水平的 1/3 左右。国产机器人在快速响应性、功率密度、稳定性、工作精度、发热噪声等指标上与国外先进水平差距较大，在过载等较为复杂的工况环境下性能下降明显。纳博特斯克 RV 减速器产品的平均寿命一般可达 10 000 小时以上，在设定的工作

寿命内可严格保持精度和刚度不下降，而国产产品寿命均低于 6000 小时。在激光治疗技术、医用激光诊疗设备等领域，我国企业取得了长足进步，但整体而言，激光治疗技术应用仍处于跟踪起步和同步发展阶段，原创性应用研究尤其缺乏；医用激光诊疗设备的研发和产业化处于中低端水平，用于精准诊疗的超快激光器等关键技术和高端设备仍未打破国外垄断。

（三）关键核心零部件严重依赖进口

装备产业链条长、集成度高、成套性强，在产品内分工日益深化的情况下，"卡脖子"技术往往来自关键核心零部件和控制系统，例如，高铁配套的牵引系统、轴承及受电弓等零部件，汽车配套的发动机变速器，计算机和手机配套的芯片、屏幕，等等。我国重大基础装备产品质量性能不足、供应链脆弱、风险大，主要是由于核心零部件基础薄弱，技术差距大，供给受制于人，"卡脖子"问题突出。以集成电路为例，我国的 MCU（微控制单元）芯片制造在嵌入式 Flash 工艺、IP（芯片架构）及模拟技术等方面受国外制约，产品性能和国外企业相比有较大差距，特别是在 32 位以上的高端领域，自给率几乎为零。国内存储器主控芯片企业技术水平参差不齐，IP 为国外授权 / 购买使用许可，成本控制和技术演变受到很大限制。高端存储器主控芯片订单集中在美国的美满科技和微芯，主要面向工业领域和企业级系统；消费类低端主控芯片市场则主要由我国台湾省的慧荣科技和群联电子瓜分。模拟芯片领域，35% 的国内市场被德州仪器、亚德诺、恩智浦、英飞凌、意法半导体等国际模拟芯片巨头占据，国内模拟芯片厂商的自给率不到 20%，在高端领域更是低于 5%。再如机器人领域，减速器、伺服电机、控制器三大核心零部件的成本约占机器人总成本的 70%，其中，减速器占 40%、技术壁垒高。我国减速器 70% 以上的市场份额由外资品牌占据，哈默纳科和纳博特斯克占有绝对领先地位，国产减速器的市场份额不足 30%；机器人伺服系统用多圈绝对值编码器依赖进口，对机器人伺服系统向高端发展形成制约；智能机器人发展所需的视觉、力觉、激光、声呐等传感器也主要依赖进口。

（四）控制系统及软件竞争力严重偏低

我国大部分控制系统在高可靠性、高稳定性、高环境适应性，以及数字化、智能化、集成化等方面竞争力不足，相比国外先进产品存在较大差距，进入重大工程存在一定困难。目前，由于缺乏现代控制理论、方法和技术的融入，我国重大工程的关键装备、核心装备、主体装备绝大部分被国外企业的控制系统所垄断，包括大型工程机械装备、大型矿山机械装备、大型口岸工程装备、大型交通工程装备、大型城市工程装备等，尤其是用于广大离散型工厂自动化的 PLC 系统，西门子、三菱、欧姆龙等跨国企业占据领先地位。同时，国产控制系统"中间强、两端弱"的问题十分严重。国产装备自动化系统中的主控系统，因研发力量强大、投入资金充足、技术成果丰富，产品质量较高。但是，控制系统两端的变送器和执行器，因投入严重不足、研发力量单薄，产品质量低下。例如，我国自行设计制造的智能变送器在国内市场的占有率只有国外产品的 1/10，智能执行器的占有率更低。

工业软件是行业研发设计、生产制造、经营管理等制造全过程运行规律的显性化、模型化、代码化，是工业基础技术、行业知识和经验体系的载体。国产装备软件发展起步较晚、几经波折，基础非常薄弱。例如，机器人产品设计中的动力学仿真、有限元建模、电子设计自动化（EDA）等工业设计软件在国内尚属空白，集成应用环节中的机器人虚拟仿真和调试软件基本由德国西门子和法国达索系统垄断，服务机器人的底层开发软件依赖开源系统，存在受制于人的潜在风险。受限于行业机理沉淀能力不强、工业大数据建模分析能力较弱、开源社区建设滞后等因素，我国的工业 App 培育仍处于初级阶段。当前，大多数工业 App 是传统工业云平台上的"移民"，工业 PaaS（平台即服务）平台上土生土长的"原住民"数量有限，大多数工业 App 是描述类和诊断类应用，预测类和决策类等高端工业 App 匮乏。目前，通用电气、西门子、PTC 等领先平台企业均已建立了为开发者提供开源代码、开发工具、微服务组件的开源社区，拥有大量优质、活跃的软件开发者。我国的工业互联网平台建设与开发者规模能力与国外相比差距显著，这严重制约了工业 App 的培育发展。

（五）产品市场推广应用障碍多，困难大

近年来，通过技术引进、消化吸收再创新和自主创新，我国的重大基础装备在产品质量和技术水平上取得了一定的突破，缩小了与世界先进水平的差距，甚至在部分领域已达到国际领先水平，但在国内市场推广应用难度大、采用率不高。究其原因，一方面是因为国内装备和零部件企业的发展水平不一、产品良莠不齐，一些企业以低质量、低价格的产品扰乱市场，导致市场对自主产品的信任度、认可度较低。部分国产装备和零部件因没有依托工程而得不到验证，一些地方和企业在采购招标过程中存在"国民歧视"现象，人为设置障碍增加国产装备进入市场的门槛，如以没有业绩为由或以直接提高技术指标要求等方式剥夺国产装备的投标资格。一些成套设备所需的核心零部件，即便在技术、性能和寿命等方面符合要求，主机企业往往也会出于对整套设备安全运行的考虑，害怕承担责任，将其拒之门外。

另一方面，国外装备及零部件企业凭借多年积累，在产品系列、开发工具、评估工具、软件库、应用支持及 know-how 等方面已经构建了完整的生态，这使国内企业在应用端很难实现替代。以 MCU 为例，目前多数国产 MCU 企业高度依赖国外生态环境，其产品均以与国外大厂软硬件兼容为卖点，集成开发环境（IDE）、实时操作系统（RTOS）和中间件需要依靠第三方更高层应用的支撑。而且，由于 MCU 的价格占整机成本的比例小，国产 MCU 与进口 MCU 的价格差距不足以驱动高端用户选择尚不成熟的国产 MCU。而且国际上一些成熟的供应链体系相对固化，国产基础零部件即使实现产品和技术突破，也难以打破既有国际分工和配套协作关系，这导致下游客户资源匮乏、市场空间被严重压缩。

（六）高素质的技术技能复合人才紧缺

在重大基础装备和关键核心零部件领域，掌握多领域专业知识的高素质研发设计型高端人才、具备丰富项目管理及行业经验的系统集成人才和市场营销

人才、能够熟练操作调试与维护的技能型人才均存在较大缺口，现有人才队伍不能满足产业发展需求。高级研发人员和技术人才短缺是高端装备制造业发展的重要制约，特别是，既掌握先进制造技术，又熟悉新一代信息技术的工程技术人员和技能型人才严重短缺。根据教育部等部门联合印发的《制造业人才发展规划指南》，到2025年，我国高档数控机床和机器人领域的人才缺口将进一步扩大到450万人。一方面，我国现行的教育和科研体系缺少培养工程技术人才、跨学科复合型人才的环境和机制，经济、金融、管理等专业成为许多高中毕业生的首选。而且，学校人才教育与企业应用存在场景脱节、联系不紧密等现象，致使从学校走出去的人才无法满足企业需求，增加了企业的再次培养成本。另一方面，装备和基础零部件领域工作条件艰苦，企业招工难、留人更难，相比金融、互联网、房地产等领域，人才吸引力不强。此外，国内的轴承人才还面临向外资企业流失的问题。如，我国轴承人才向国外轴承企业单向流动态势明显，NSK中国研发中心的科研人员就达到400人，这样的流动不但提升了NSK开拓中国市场的能力，也削弱了我国本身就力量单薄的高端轴承人才队伍。

二、推进重大基础装备和基础零部件产业发展的思路

（一）建设"产业公地"，推动产业聚焦发力突破

"产业公地"是推动重大基础装备和基础零部件突破的重要保障。聚焦重点关键领域，深化科技体制改革，优化科技资源配置，协同政府部门、科研机构、整机企业、零部件企业、软件供应商、下游用户等多方主体，对现有设在高等院校和科研院所中的国家重点实验室、国家工程实验室、国家工程研究中心、国家工程技术研究中心进行重组，推进集共性技术研究、中间试验、工程化应用及产业孵化于一体的公共创新平台和创新联合体建设，开展产业基础理论和产业共性技术攻关。针对我国"四基"数据平台薄弱的问题，依托科研院所、产业联盟、行业协会及第三方服务机构建设一批面向重大基础装备和基础

零部件的综合性数据共享和交易平台，推动数据有效应用到企业运营管理、产品设计研发、监控运维等全生命周期，帮助企业加强产品质量控制、创新生产组织模式、优化市场客户服务，提高基础信息化与智能化支撑能力，优化基础能力突破提升的数据生态圈。

（二）整机部件协同，推动产业链合作突破

我国具备开展全产业链协同创新的基础条件。探索完善全产业链协同创新模式，从全产业链角度梳理产品和技术的痛点和短板，打通产业链各个环节，形成良性的循环生态，建立上下游互融共生、分工合作、利益共享的一体化组织新模式，推动相互参与产品设计研发，提高产业链系统创新效率。引导主机企业与基础零部件企业深化研发和产需对接，支持基础零部件企业在重大装备制造或重大工程开工初期即参与主机企业的技术研发工作，利用互联网和大数据技术，建立良好的互动反馈机制，系统解决基础零部件工程化和产业化难题。高度重视中小制造企业在重大基础装备和关键零部件攻坚突破中的基础支撑作用，加强对中小装备及零部件企业的政策支持，推动中小企业降低创新风险、提升创新积极性、集聚创新人才，形成一批与大型领军企业协同配套、专业精深的单项冠军企业。

（三）生产应用协同，推动产业市场推广突破

重大基础装备和基础零部件需要在市场应用和反馈改进中不断提升产品质量性能，这是一个循环往复、螺旋上升的动态过程。充分发挥需求导向和牵引作用，探索构建试点—推广—普及的市场化路径，加快科技研发成果实用化、产业化。积极调动下游用户积极性，优化推广使用国产装备的市场环境，推进装备企业与下游用户的合作模式创新及利益分享机制创新，构建产用协同、供需联动的业态模式和产业生态，推动国产重大基础装备在推广应用过程中不断优化升级，形成研发生产与市场需求相互促进、良性互动的发展格局。通过市场应用不断发现问题，加快产品改进提升，使技术、装备、系统解决方案越来越成熟，营造鼓励创新、允许试错、宽容失败的市场氛围。

（四）硬件软件协同，推动产业集成发展突破

重大装备既要健体，也要强心。推进国产工业软件研发与产业化，提升MES、PLM 等管理类软件技术水平，突破三维建模、虚拟仿真、数据分析与可视化等工具类软件研发，开展嵌入式实时工业操作系统、数据库系统与实时数据智能处理系统等基础关键共性技术攻关，形成一大批自主研发实力强、市场占有率高的工业软件企业。大力发展装备系统集成技术，培育一大批国际知名的系统集成企业，推进基于装备制造标准、核心支撑软件、工业互联网与信息安全系统的关键技术装备和先进制造工艺的集成应用。面向工业 App 开发、测试、交易等全生命周期，完善工业互联网平台和公共服务支撑体系，加快开发设计制造协同、生产管理优化、设备健康管理、产品增值服务、制造能力交易等工业 App，推动形成行业整体解决方案。

三、重点领域

（一）智能装备及零部件

数控机床及智能装备是工业母机，是整个制造业转型发展的基石和脊梁。我国制造业要重构新发展路径、推广新型制造模式、塑成发展新优势，都依赖智能装备产业提供强大的技术和装备支撑。数控机床以提高产品可靠性、精确性和智能化水平为方向，重点研发攻克智能主轴、智能伺服进给、智能终端等智能单元，加工状态自感知、自学习、自适应、自优化，虚拟机床及虚拟加工，基于工业互联网和加工过程大数据的监控及远程服务等关键核心技术，开发具有国际一流技术水平的数控系统，在重点领域开展应用示范。工业机器人重点研发突破智能机器人感知与认知技术、学习与智能增值技术、人机自然交互与协作共融技术等重大基础前沿技术，RV 减速器、谐波减速器、伺服电机与驱动器、机器人控制器、专用传感器、软件体系及多任务操作系统、计量测试 /安全与可靠性等关键共性技术，模块化柔顺关节、关节变刚度弹性驱动、人机相容性设计、智能交互等新一代机器人核心技术，协同标准体系建设、技术验

证平台与系统建设以及典型示范应用，提升国产机器人的整体性能与智能化水平，解决产业空心化问题。

（二）电子制造装备与零部件

电子信息制造业是第一大制造行业。如果没有强大的电子制造装备与零部件配套产业，产业链和供应链就会存在巨大的风险和隐患，并给经济稳定运行造成冲击。针对移动通信、大数据、新能源、智能制造、物联网等重点领域的大宗产品制造需求，重点围绕28-14纳米技术节点进行工艺、装备和关键材料的协同布局，形成28-14纳米装备、材料、工艺、封测等较完善的产业链，促进产业生态改善和技术升级。重点研发突破28纳米浸没式光刻机及光学系统等关键零部件，提高批量生产能力，加快进入大生产线，面向集成电路14-10纳米先进工艺，重点开展刻蚀、薄膜、化学机械处理、掺杂和检测等关键装备及其配套核心零部件产品研发，加快研发深紫外（DUV）光刻胶、抛光材料、超高纯电子气体、溅射靶材等关键材料产品，围绕移动互联、汽车电子用处理器、存储器等产品开发下一代封装集成与测试新技术以及关键装备。面向宽禁带半导体器件、光通信器件、MEMS（微机电系统）器件、功率电子器件、新型显示、半导体照明、高效光伏等泛半导体产业领域的巨大市场需求，开展新型电子制造关键装备与工艺研究，重点解决电子器件关键材料装备、器件制造装备等高端装备缺乏关键技术、可靠性低、工艺开发不足等问题，推动新技术研发与关键装备研发协同发展，构建高端电子制造装备自主创新体系。

（三）重大成套加工装备

重大成套加工装备技术水平高、市场容量小，但是关乎高端和新兴材料、关键核心装备发展。重点研发突破石墨烯/类石墨烯薄膜、耐高温陶瓷基复合材料、纤维复合材料、增材制造等新型材料成型及加工装备，为新型材料成型和加工提供新工艺和新技术。重点研发大型异种材料结构件高效低残余应力焊接、大规格球管类构件整体成型、复合材料混杂构件低成本复合成型等关键技术，提升复杂大型构件的高效加工技术及装备水平。重点突破金属超硬材料、超低密度材料、高分子聚合物、高精度光学元件、微机械及医疗生物零件等精密与超精密加工关键技术，研发极端制造环境下高精度大尺寸加工测量一体化、微纳结构功能表面的原位测量、超高精度平/曲面、微纳结构功能表面加工等精密与超精密加工工艺及装备，并在典型行业示范应用。重点研究开发重大成套机械装备的数字化、网络化、智能化关键技术，研制智能化大型工程机械、数字化重型矿山成套设备、大型石化成套设备、智能化港口/海工作业机械和智能化农业机械等一批重大成套机械装备，实现系统集成，推进示范应用。

（四）关键基础零部件

关键基础零部件是拓展产业发展空间、推进固链稳链强链、提升国际分工地位的重要环节。解决"卡脖子"和"空心化"问题，关键在基础零部件。围绕装备基础技术与关键零部件，加快突破关键技术与共性技术，大幅提高重点领域和重大成套装备自主配套能力。加快提升基础件研发制造能力，重点研发高铁轴箱轴承、风力发电机组主轴与齿轮箱轴承、机器人和机床精密轴承、特大型装备静压轴承等高速精密重载轴承设计、试验和批量化制造核心技术，突破高参数齿轮传动和精密减速器设计、制造和检测关键共性技术，加快开发高压力等级多路阀和液压泵、高效率静液传动元件与系统、高参数密封件、液压动力总成系统等，加快在工程机械、农业机械、重型机械、航空航天、海洋工程装备等领域示范应用。顺应传感器的微型化、集成化、智能化发展趋势，突破微纳传感器硅基兼容制造、封装、可靠性、集成化等核心共性技术，重点研发工业互联网用微纳传感器、离散制造业用微纳传感器、流程工业用微纳传感器等高端传感器。建立精密齿轮及传动装置、高压大流量液压元件、高参数密封件、高速重载轴承等关键基础件性能及可靠性试验平台，以及工业传感器、智能仪器仪表性能及可靠性测试平台，对相关的基础技术、关键零部件与产品进行试验验证，完善技术标准体系。建立健全制造基础技术数据库、基础制造工艺资源环境属性数据库等。

（五）智能仪器仪表

仪器仪表是科学研究的"先行官"、工业生产的"倍增器"，是推动科技创新发展和提升装备产品质量的核心组成部分。顺应仪器仪表设备微型化、多功能化和人工智能化的升级趋势，研究智能仪器仪表可靠性建模、设计与仿真、参数标定与校准等测试评估前沿技术，研发复杂工业测量仪表在线标定、高端智能测量仪表设计、微弱信号精密检测等关键共性技术；研发高精度在线批量化标定装置、小型化在线分析仪、感知/控制/驱动一体化控制器等产品。研究力热平衡结构设计、工件姿态和运动参数测量、空间坐标测量、大型零部件尺寸和形位误差测量、激光跟踪等大型装备智能化测量前沿技术，研发工业现场级虚拟测量、工业设施现场故障诊断、特种执行机构和控制阀设计、制造和仿真等关键共性技术，研制激光跟踪测量仪器、现场级虚拟测量仪表、复杂机械运行故障检测等工业现场专用诊断仪器，以及特种执行机构和控制阀等特种专用仪器仪表。

四、对策措施

（一）筛选领域：组织实施一批关乎安全和战略发展的重大装备攻坚工程

重大基础装备和基础零部件攻坚突破要系统考虑、主次分明、有序推进。梳理机械装备行业产业链和供应链现状，建立健全产业安全评估机制，按领域对装备工业基础能力与产业链安全进行评估，在一些关键节点上分析进口替代的可能性。筛选关乎国家重大战略实施和国防经济安全的重大基础装备、关键基础零部件（元器件）和高端工业软件，综合考虑国内外技术差距、产品重要性、外部风险高低，按照主次关系、轻重缓急、可能性大小，选择重点"卡脖子"领域和环节进行攻坚突破。集中优势资源，优先选择进口数量较多、发展基础条件较好、断链断供风险高的专用生产设备、专用生产线及专用检测系统，统筹组织实施一批"高端装备创新工程"和"重大短板装备专项工程"，争取尽快接近或达到国际先进水平，增强重大基础装备和基础零部件供应链的弹性与韧性。

（二）组织创新：搭建链式创新共同体，优化跨领域协同创新机制

重大基础装备创新发展是一个系统工程，涉及科研机构、装备制造、高等院校、示范工程等多个系统，亟待构建新型高效创新组织模式。要加快重构有利于关键核心技术突破的组织模式和治理机制，强化供需互动、整零互动、软硬互动，推广链式协同创新路径，打通基础研究、技术开发、工程应用和产业化各环节，形成攻克关键核心技术的强大合力。重新思考各个创新单元的功能定位，推动源头性基础研究和应用研究深度契合，加强科研机构、高等院校与创新企业协同攻关，深化产业链和创新链上下融合互动，强化装备、电子、材料、软件等产业联动发展，在技术攻坚突破中形成有效卡位和及时补位。加快培育一批投资主体多元化、建设模式国际化、运行机制市场化、管理制度现代化的重大装备技术研究院，打破大学、科研院所、企业、事业单位等既有范式，释放"四不像"创新机构的发展活力。

（三）基础支撑：加强计量标准、计量检测、认证认可等质量基础设施建设

计量标准、计量检测和认证认可是国际公认的国家质量基础设施，也是重大基础装备和基础零部件高效优质发展的基础保障。聚焦重大基础装备和基础零部件，建立、改造、提升一批国家计量基准，建立新一代高准确度、高稳定性量子计量基准，制定一批计量技术规范，科学规划建设计量科技基础服务和产业计量测试体系。提升研发设计和试验检测能力，加快高水平的技术装备虚拟现实设计与试验平台、产品试验检测平台等的建设。将关键技术突破、样品规模商用和产业生态培育紧密结合，提高研发效率，提升试验检测的安全性、可靠性和用户认可度。以提升标准适用性、先进性和有效性为重点，加强重大基础装备和基础零部件标准化体系建设，制定重大基础装备基础共性标准、关键技术标准与重点行业应用标准，强化标准实施，夯实标准化发展基础，增强

标准化服务能力，提升标准国际化水平。完善检验检测认证机构的资质管理和能力认可制度，提升重大基础装备和基础零部件的检验检测认证支撑能力。

（四）推广应用：完善示范推广、首购采购等产品市场化应用政策体系

没有良好的市场应用生态，重大基础装备和基础零部件的技术突破就会虎头蛇尾、难以持续。加强供需对接，突出应用牵引，加快工程化迭代，为重大基础装备和基础零部件创新产品提供早期市场和应用场景。充分发挥国家重大工程、重大项目以及国有骨干企业的示范引领作用，在政府采购、国有企业采购及财政资金支持的重大工程项目中，支持重大基础装备和基础零部件攻关成果应用升级。开展产业链上下游协同突破和供需对接一条龙应用示范，依托行业协会、龙头企业，发挥工程公司、设备成套商的集成作用，组建由用户以及工程设计、设备成套、研发、制造、检测等环节组成的重大基础装备及基础零部件示范应用联盟。构建有利于首台（套）示范应用的政策体系，建立首台（套）示范应用基地，扩大首台（套）、首批次保险补偿支持范围，提升首台（套）产品供给能力和市场认可度。

（五）开放合作：加强对全球研发创新、资源整合、市场开拓等的政策支持

重大基础装备和基础零部件突破既有外部压力，也有合作空间。科学有效地借力借势，可以取长补短、事半功倍。在重大基础装备和基础零部件研究开发、标准制定、知识产权保护、推广应用等方面开展国际交流合作，鼓励跨国公司、国外机构等在华设立重大基础装备及基础零部件研发机构，加强与俄罗斯、东欧、日韩等国家及地区的创新合作，深化与东南亚、中亚、中东、非洲等需求潜在地区的市场合作。通过并购合作实施换道超车战略，鼓励国内装备及零部件企业通过参与国际并购、参股国外先进的研发制造等方式，整合优质的研发、创新、技术、品牌等资源，快速掌握重大装备关键技术、工艺和标准。坚持国际视野，推动重大基础装备企业在项目建设、运营、采购、招投标等环节同国际规则接轨，逐步打开国际市场，提高客户认可度。

第六章

工业软件产业发展的现状、问题与推进策略

工业软件是制造业提质增效转型升级不可或缺的支撑，更是在全球新一轮工业革命中获取未来竞争优势的要害。当前，我国正加快推动由制造大国向制造强国转变，工业软件作为智能制造的重要基础和核心支撑，对于推动我国制造业转型升级、实现制造强国和高质量发展具有非常重要的战略意义。

一、工业软件的范畴、产品体系与产业特征

（一）工业软件的范畴与产品体系

工业软件是指应用于工业领域，为提高工业研发设计、业务管理、生产调度和过程控制水平的相关软件和系统。工业软件将工业技术软件化，即将工业技术、工艺经验、制造知识与方法显性化、数字化和系统化，工业软件的使用是一种典型的人类使用知识和机器使用知识的技术泛在化过程。

按照用途和表现形式，工业软件一般分为研发设计类软件、信息管理类软件、生产控制类软件和嵌入式软件 4 类（见表 6-1），每类工业软件均有其代表产品和企业。目前信息管理类软件已有较高的普及率。在智能制造背景下，研发设计类软件与生产控制类软件得到大力推广，发展前景广阔：研发设计类软件主要用于提升企业在产品设计与研发工作领域的能力和效率，CAD 软件和 PLM 软件是其中最具代表性的产品；生产控制类软件用于提高制造过程的管控水平以及生产设备的效率和利用率，MES 软件是其中最具代表性的产品。

表 6-1 工业软件的分类、代表产品与用途

序号	分类	代表产品	用途
1	研发设计类软件	CAD、CAE、CAM、CAPP、EDA、PLM 软件	用于提升企业在产品设计与研发工作领域的能力和效率
2	信息管理类软件	ERP、SCM、CRM、HRM、EAM、BI 软件	用于提升企业的管理治理水平和运营效率
3	生产控制类软件	MES、SCADA、DCS 软件	用于提高制造过程的管控水平以及生产设备的效率和利用率
4	嵌入式软件	工业通信、能源电子、汽车电子、安防电子等领域的软件	

（二）工业软件产业的特征

1. 市场结构特征：各类工业软件发展差异较大，国别分布呈现欧美主导、"两极多强"的态势

从产品体系结构来看，在制造行业和工业企业的不同发展阶段，对工业软件的功能和技术需求也会有差异，这就导致了每一类工业软件在产业发展中呈现较大的差异。根据高德纳的统计，自 2011 年以来，全球工业软件的市场规模每年保持约 6% 的增长速度，主要表现在以下 3 个方面。**一是研发设计类软件的重要性提升**，制造企业在产品生命周期各阶段对仿真软件的应用增多，CAE 软件在制造业各领域的应用日益广泛，保持 8% 左右的增速。**二是传统管理软件稳步增长**，管理软件市场进入成熟期，规模保持平稳上升，增长速度开始缓慢下降；ERP 软件等相对成熟的市场加快转向按需付费的软件服务模式，在一定程度上影响了行业收入的增长速度。**三是生产管理、客户管理与供应链管理类软件迅速发展**：生产管理类软件的市场空间广阔，MES 软件成为智能工厂多个环节数据交换的核心，全球 MES 软件的规模达到 78 亿美元，维持 17% 左右的高增长率；而客户管理与供应链管理类软件高速增长，反映出制造企业顺应"网络化协同制造"的要求，更加重视与消费者和产业链的信息交流。

从产业国别分布来看，目前全球工业软件产业主要由欧美企业主导，呈现出"两极多强"的态势，思爱普、西门子在多个领域均崭露头角，而 IBM、达

索系统和 Salesforce 在各自专业领域形成了一定的优势。其中，ERP 软件产业格局相对稳定，思爱普和甲骨文两家企业占据主导，属于一线；Infor、赛捷软件、微软属于二线。在 CRM 领域中，Salesforce 占据全球 CRM 市场第一位，且发展迅速，其成功来自基于 SaaS（软件即服务）的云服务模式。CAD 软件产业的主导者是欧特克和达索系统，且随着仿真、设计技术与先进技术的结合，逐渐出现新的参与者。MES 软件具有较强的行业应用特性，与特定的行业关系紧密，需要大量行业领域知识的积累，因此该领域形成了不同 MES 厂家占据不同行业主导的局面。

2. 技术创新特征：测试验证投入巨大，应用场景差异明显，多学科融合特征突出

从研发投入来看，工业软件的制造过程充满了变化，往往需要针对变化的材料、被加工产品的尺寸规格、加工流程等进行工艺的匹配，而这种变化会形成无数种组合，制造厂商需要在其中寻找最佳方案。要使工业软件成熟、高效，必须有大量的试错成本沉淀其中，这是所有制造业工业软件研发过程所具有的共性。

从应用场景来看，不同于商业软件、办公软件、移动互联网软件可以通过大量的消费者进行成本的分摊，工业软件往往具有相当强的行业特性，在每个行业都有其差异巨大的应用场景。在塑料行业，薄膜吹塑成型、注射成型、中空吹塑成型、片材挤出成型等成型工艺有较大的差别；在印刷行业，包括凹版、柔版、胶版工艺的差异，不仅如此，根据材料、速度/加速度、印刷幅面等的不同又会形成巨大的差异；而流程工业，如化工和冶金整体与离散工业差别巨大，仅就化工行业来说，又可进一步细分为有机、无机、精细化工、生物化工等多种不同的应用场景。

从知识复杂度来看，工业软件具有多学科融合的特征。工业软件的开发过程包括先从现场的工程数据中累积有价值的信息并将其转化为知识，再将知识转化为数学模型并通过建模仿真过程生成控制软件，之后经过测试验证最终形成可复用的软件功能和平台架构。这个过程需要对多个学科的知识、方法进行

集成应用。一个机器的开发过程包含了机械传动结构设计、传感器信号采集与处理（对于高精度加工，测量系统的精度影响控制所能达到的精度上限）、控制与传动、网络通信（工业控制基于等时同步，因此工业通信是基础）、工艺控制（这里的工艺包括温度控制、行业特殊的工艺，如纺纱的匀整、印刷套色）等多个环节。由于这些多个维度的问题需要被凝聚在同一个系统里解决，工业软件往往具有多学科融合的特征。

3. 进入壁垒特征：呈现行业壁垒高、项目经验壁垒高、品牌壁垒高"三高"并存的特征

从行业壁垒来看，由于不同行业、不同规模的客户之间需求差异明显，因此厂商需要根据不同的产品特性和客户需求建立多层次分布式运营体系。例如，在生产控制类软件领域，西门子持续保持行业龙头地位，而南瑞、宝信、石化盈科等企业在电力、钢铁冶金和石化行业深耕多年，客户数量多且关系稳定。由于各行业存在因生产工艺复杂且差异较大导致的行业壁垒，生产控制类软件领域的企业业务大多都集中在垂直行业内部。此外，对于大中型企事业单位，厂商需要快速响应并提供现场技术服务，这就需要厂商布局具有一定覆盖率的服务网点；对于小型企事业单位的需求，厂商需要建立针对标准化产品的渠道经销服务体系，而建立前述多层次分布式运营体系需要大量资金、人力和经验积累方能完成。总而言之，协同管理软件行业的上述特性对市场新进入者形成了较高的行业壁垒。

从项目经验壁垒来看，工业软件特别是生产控制类软件，需要根据客户的需求进行梳理，形成适合客户管理模式的实施方案，最终通过软件系统进行配置并培训上线，这都需要协同管理软件厂商具有长期的经验积累。市场新进入者受限于项目经验的不足，缺乏理解和把握客户核心需求的能力，无法从业务流程、知识共享、信息聚合推送等多个价值环节入手，实现通过信息化手段显著提高客户管理和运营效率的目标，这使得其产品的实际应用效果不理想，从而导致客户对大部分厂商的认可度较低。随着行业的不断发展，客户越来越倾向于选择在其所在行业已经拥有大量客户且有典型成功案例的工业软件厂商。

从品牌壁垒来看，主流工业软件领域已经出现了若干占据领先地位的厂商。这些厂商拥有完整的软件平台和细分行业解决方案，具有良好的品牌形象，客户认可度较高，作为先进入者已经积累了丰富的项目经验。大中型企业在进行高端、复杂的应用软件选型时，往往更加信赖国外知名软件。而市场新进入者往往缺乏品牌知名度，难以在激烈的市场竞争中胜出。因此，品牌效应对市场新进入者构成了较高的行业壁垒。

4．标准与兼容性特征：数据标准统一，兼容性要求高

工业软件需要设计一个良好的软件架构和过程管理流程，以实现统一数据标准、接口标准、方便几何建模引擎、约束求解器、前后处理、CAE 求解器等优势资源集成；同时，还涉及加速软件更新迭代，软件自动化验证，工程经验的积累，软件跨平台（集群、超算）部署，多种服务模式支持，二次开发脚本支持，乃至后续大规模仿真数据的挖掘、分析等。

工业软件模型之间的兼容性问题，目前主要是通过遵循 STEP（产品模型数据交换标准）解决的。美国和欧洲都有推动该标准开发及应用的非营利组织，特别是包括波音、空客、通用电气、洛克希德·马丁等推进的 LOTAR（长期归档和检索）项目也是以 STEP 作为基础。因 CAD、CAE、EDA 格式之间相互转换造成的信息丢失和精度丢失，每年都会造成高达数十亿美元的损失，而如何有效复用这些模型数据也长期困扰着各个行业。

企业使用工业软件会产生海量的数据和文档，技术人员也会形成对软件的使用习惯，而软件厂商往往有多个相互集成的软件产品，可以实现交叉营销。例如，企业如果使用了某个公司的三维设计软件，那么应用该公司的 PLM 系统往往集成度更高。另外，工程设计软件之间的数据转换不可能达到百分之百，这会导致特征信息的丢失。这种壁垒导致工业企业更换工业软件，尤其是更换研发设计类软件的难度很大。

国外主流厂商非常注重生态系统建设，在全球建立了设施服务商、系统集成商、增值经销商体系，并与硬件厂商、工业自动化厂商结盟，为客户提供开放的配置工具和开发工具。例如，思爱普很少自己做软件实施，专注产品创

新，而 IBM、埃森哲、德勤、汉得信息等咨询公司则主要承担咨询服务与实施工作，分工协作。Ansys 不仅大力发展渠道合作伙伴，而且也与罗克韦尔自动化、PTC、欧特克和新思科技等主流厂商开展了战略合作。韩国一些专业的模具软件公司借助西门子公司数字工业软件的生态系统，把业务拓展到全球。

二、我国工业软件产业发展存在的主要问题

（一）外资企业在研发设计类核心软件市场占据垄断地位，国内企业仅在生产管理类软件的低端市场和生产控制类软件的细分行业占有一席之地

近年来，国内的工业软件市场正保持快速增长，如嵌入式软件、生产控制类软件、信息管理类软件等在国内都已经得到了比较快速的发展。信息管理类软件类别丰富，市场分散。其中 ERP 软件需求量最大，占比超过 27.8%；国内企业占据了大部分市场，浪潮、用友、东软占据市场前三，占比分别为 16.0%、11.4%、9.5%；国外老牌厂商思爱普、甲骨文占比分别为 7.6%、6.5%。嵌入式软件在工业通信中占据了最大市场，占 42.5%，华为是国内市场最大的嵌入式软件制造商，占比达到 33.5%，中兴通讯的占比也达到了 10.6%，国内企业在嵌入式软件上占据优势。然而，在更为核心的工业软件，如仿真类软件上，国内与国外先进水平仍有一定的差距。以研发设计类软件为例，这是国内工业软件的最大软肋，市场多由外资企业主导。研发设计类软件中，PLM 和 CAD 软件占比最高，分别为 29.7% 和 27.0%，其中达索系统占据了最大市场份额，达到 19.05%。前十大公司中，国内仅有航天神软和金航数码两家公司，占比分别为 12.3% 和 7.8%。生产控制类软件中，MES 和 DCS 软件占比最高，分别为 29.0% 和 23.1%。其中，西门子是绝对的市场龙头，占比超过 23.7%；国内上市公司方面，宝信凭借在钢铁行业的龙头地位，市场份额达到 9.0%。在生产管理类工业软件领域，德国思爱普与美国甲骨文占有高端市场的 90% 以上，用友、金蝶等国内软件企业只能占据中低端市场的 80% 左右。2017 年，德国思爱普的营收达 235 亿欧元，而国内软件龙头企业用友仅为 63 亿元人民币。我国的生产控制类

软件领域也主要被西门子、施耐德电气、通用电气、罗克韦尔自动化等国外巨头占据，宝信、石化盈科等国内软件企业只在电力、钢铁冶金和石化等细分行业争得一席之地。

（二）技术长期依赖国外，海量关键工艺流程和工业技术数据的信息尚未得到有效整理、存储，面临损毁、流失乃至被窃取的风险

一方面，长期以来，工业企业习惯于购买和应用国外巨头的工业软件，对自主可控工业软件的重要性缺乏理解和认识，不会主动积累基础工艺研发和实验数据，也不会主动布局工业技术的软件化建设，更不会主动培育和孵化工业软件企业。大型国有企业下属的一些专业信息化公司，很少从事信息化产品的自主创新研发，反而大量代销国外的工业软件产品，与国外厂商利益捆绑。另一方面，工业软件是工业和信息产业的结合体，但其中最重要、最核心、最底层的支撑是工业数据知识库，汇集了工业生产过程中的关键技术、流程、知识、工艺及数据。也缘于此，国外工业软件巨头的工业数据知识库来自几十年甚至上百年的工业生产技术和知识的积累，不可能对外出售。新中国成立70多年来，从一穷二白成长为全球第一制造大国，其间所积累起来的海量关键工艺流程和工业技术数据的信息，大量散落在各个企业，闭锁在技术人员头脑中，随着企业的变迁、人员的流动而不断耗散和流失。与此同时，我国的工业企业广泛应用国外的工业软件，相关宝贵的基础数据、应用数据和核心数据都因为我国工业软件的孱弱而无法得到利用，或明或暗地被国外工业软件巨头所收集、占有乃至窃取，以致大量损毁、流失，最终导致"空心化"问题。

（三）国产软件难以突破欧美软件生态圈，进入大中型企业核心应用领域的难度很大

软件业和制造业融合程度不高，大型制造企业缺乏主动布局意识，纯软件企业向工业软件企业转型难度大。纯软件企业进入工业软件领域存在天然的专业技术屏障，工业软件不同于普通的网络应用软件，是工业流程和技术的程序化封装，需要工业流程和海量技术数据作为支撑，这绝非纯软件企业单独所能

为。目前国内大型制造企业缺乏对智能制造时代工业软件重要性的深刻理解和认识，习惯于购买和应用国外企业的工业软件，不会通过主动布局加强对企业关键核心工艺流程和技术的软件化封装，从而提高工艺数据应用的便捷性并加强工业核心技术输出的安全保障。此外，我国的飞机、船舶、冶金、化工、生物医药、电子信息制造等重点制造领域长期以来习惯使用国外的工业软件，国外的主流工业软件已经在大部分大中型企业应用，例如思爱普在 20 世纪 90 年代就实施了"灯塔工程"，将我国各大行业排名前列的企业发展为核心用户。因此，国产软件进入大中型企业核心应用领域的难度很大。而中小制造业企业使用的工业软件盗版率在七成以上，国产软件主要面向中小客户，市面上大量传播的国外盗版软件抢占了大量中低端市场，严重挤压了国内软件企业的生存空间。

（四）工业软件国内标准缺失，综合集成应用程度不高

当前，欧美软件巨头往往同时研发多种软件，相互配套。如 PLM 软件和 CAD 软件，环环相扣、互相兼容，相互之间读取数据和模型都十分方便。因此，客户会从同一家企业购买多款软件，这就形成了事实上的竞争壁垒。由于国内工业软件应用还普遍处在研发设计、工业控制等若干单项应用环节，贯穿整个制造业研发设计、流程控制等全环节的综合集成应用还较少，不同厂商的工业软件程序兼容存在较大问题，工业软件综合集成效应尚未显现。而目前国内工业软件市场的事实标准均由国外大型制造企业主导，国外企业在标准上未达成一致，导致国内市场同时采用国外企业产品时，不同企业产品的程序兼容和互联互通存在很大问题，大部分情况下都出于主动需求与对方产品互联，因此国内只能被动遵守对方产品标准。

三、工业基础软件能力薄弱的体制机制原因分析

（一）工业基础软件作为战略性新兴产业，其战略性受关注不足

战略性新兴产业的"战略性"所体现的经济学性质主要体现在两个方面：

一是产业所基于的主导技术的未来性和突破性；二是产业所面向的现实的和潜在的市场需求规模巨大。特征一决定了主导技术的投资具有长期性和不确定性，因而需要更加"耐心"的投资以及更加多样化的高强度学习和探索；特征二决定了战略性新兴产业的发展绩效涉及一国发展的深层次经济利益（贺俊和吕铁，2012）。战略性新兴产业培育发展不仅是企业层次，更是国家层次的博弈的过程，这也决定了针对工业软件的产业政策不能简单按体量大小进行扶持培养的优先级排序。但在现实中，政府往往会通过更加积极的产业政策，在更加广泛的领域对产业进行培育和发展。从产业体量角度来看，工业软件产业体量很小，其主营业务收入仅占全部软件产业的 2% ~ 3%。从国家的产业发展战略来看，对工业软件产业的关注度不够，尚缺乏国家层面的软件产业战略，对工业软件战略性的重要性关注不够。而美国自 1995 年提出"数字化建模和仿真创新战略"，到近年发布《先进制造业伙伴计划》，始终将高端工业软件置于核心战略地位。

（二）交叉管理，产业支持政策有待优化

工业软件处于交叉领域，既是基础科学，又是 IT 产品，与国家发展改革委、科技部、工业和信息化部都相关联。"七五"到"十五"时期（1986—2005 年），原国家机械电子工业部的"CAD 攻关项目"、原国家科委及科技部的"国家高技术研究发展计划"（863 计划）和"CAD/CIMS 应用工程、制造业信息化工程"，对国产工业软件的研发都一直给予扶持。"十五"和"十一五"期间，科技部还重点支持了三维计算机辅助设计 CAD 软件等核心工业软件的研发。从"十二五"开始，即 2011 年以后，工业软件被纳入两化融合的信息化领域，由工业和信息化部负责，科技部不再分管，此前科技部的扶持不再延续。业内人士反映，此后国家部委几乎没有资金支持国产自主工业软件的研发。工业和信息化部从分管工作而言，不能直接以资金支持企业研发，只能通过两化融合支持企业信息化，给予企业补贴，由于支持重点是制造业企业，工业软件研发企业基本得不到直接支持。虽然通过企业应用拉动信息化建

设，推动了制造业信息化的普及，但其间接的后果则是企业使用国家投入的两化融合支持资金去购买国外工业软件。

主管部门的产业政策支持方式暴露出了相当多的问题。一是从政策和管理层面分析，各部委支持的有关基础软件产业领域的项目关联度不高，部委之间支持基础软件产业的工作体系与工作渠道相对独立，造成项目的重复投资及重复布局。二是支持政策更多关注短期效益，政府的非科技口部门立项的软件项目往往像风投一样考虑工业软件企业的快速成长性和规模等数据。而工业软件企业的性质，决定了它们很难达到这类要求，因此这些项目大多落在工业互联网、大数据等企业，甚至是 App 这种非核心技术的研发领域。三是科研基金支持方面，科研经费不够聚焦，相同或类似的项目由多家单位承担，导致"碎银子"居多，而项目承担单位之间缺少协作、协调；不少项目指南中的课题学术性太强，更加适合由工科高校和科研院所进行理论研究、算法和软件原型开发，而一些有高校和科研院所背景的工业软件相关企业成为"政府项目专业户"，这些企业习惯于靠政府项目资金吃饭，缺乏市场意识，难以在市场竞争中成长起来。

（三）产业发展支持资金不够，企业面临很强的资金约束

软件的工业级应用，要求稳定可靠、界面友好，而达到这种要求要经过反复试错后多次迭代，这就意味着软件研发具有长周期特征，通常是 3~5 年才能开发出一套稳定可靠、被市场接受的产品，而市场从接受到拓展有可能长达 10 年时间。在开发成功、投向市场前，企业没有任何收入，又需要大量资金去支付研发人员的高额薪资，因此企业面临很强的资金约束。

从企业融资渠道来看，由于工业软件企业的软件研发周期过长，无法满足风投的快速成长性指标，因此工业软件企业往往不会成为风投公司的关注点。而从银行角度来看，工业软件企业最重要的资产是工程师及其代码，这些产品从价值评估来说，早期并不具备任何价值，长期来看也需要市场检验，贷款的风险非常大。因此，在国产工业软件的前期研发中，政府资金支持是一个很好的办法。但是，由于研发项目评审过程中，评审的专家主要来自科研机构与院

校，而专业的从业人员很少，偶尔有也大多是大型国企总工，对市场和技术了解有限，导致政府资金支持工业软件开发的实际效果并不好，有时甚至起了相反的作用。一些国家重点研发计划的相关重点专项的工业软件项目受资助单位大都是大中型国有企业，但这些企业并非专门的工业软件研发企业，而是属于软件的应用与配套单位。这导致的问题是，如果项目承担单位属于软件应用而非纯粹的软件企业，基本没有建立成熟的软件开发管理体系，很难开发出成熟的工业软件；而如果没有大规模商业化应用，软件的后续升级迭代推广就无从谈起。

（四）高校"造血功能"弱化，业内人才流失严重

从学科设置来看，工业软件是一个涉及众多学科的综合体。从前后处理到求解器全面开发的多个环节，仅结构分析功能方面的开发就需要上百人甚至数百人的团队才能胜任，远非一个研究室、教研室、实验室、课题组或一个中小规模的开发企业所能完成。国内各级科研院所与高校等科研机构基本按照学科分类部署研究室、教研室、实验室等基层研究单位，并按对应学科对成员进行考核，虽然也逐步建立了许多跨学科的基层研究单位，但所跨学科数量也远远低于 CAE 软件所涉及学科的数量。技术需求与机构设置产生巨大的错位，是造成国产工业软件发展困境的原因之一。

从科研评价体系来看，科研人员的科研成果考核、科研项目结题验收往往以论文是否被纳入 SCI 数据库为导向，相比自行研发软件，通过国外知名软件进行验证计算以发表 SCI 论文要容易得多。这种考核机制大大限制了高校和科研院所自主研发工业软件的积极性。国内许多高校更加偏好应用而非基础研发，计算力学等基础课程主要讲授国外知名软件的使用操作，导致高校在工业软件理论、算法、程序设计与实现等研发方面的能力弱化。

从人才培养来看，工业软件与一般应用软件在研发过程中对人才需求有很大的区别。一般应用软件研发主要靠编写代码，如果软件运行出现问题，相关人员可以通过逐行运行代码、调试，一直追溯到底层，基本就可以快速找到问题并解决，快速实现升级迭代。因此，一般应用软件主要需要有活力的年轻

人，这类人才并不缺乏。而工业软件的主体是工业，软件仅仅是载体，为此，相关人员需要积累有关工业的丰富知识和实际经验。CAE 更像数学、物理、机械和软件的综合体，软件运行中出现的问题，需要凭借经验去判断，而这种既有行业经验，又有软件代码开发能力的复合型开发工程师成才率低、培养难度大，在国内非常稀缺。

四、发展思路与重点

（一）发展思路

紧跟制造强国战略，以优势制造业和战略性新兴产业为依托，以加快产业转型升级、提升产业层次为导向，以企业技术改造为举措，加快工业软件、嵌入式软件、行业应用软件等智能制造应用软件与制造业的深度融合，促进产品设计研发信息化、生产装备数字化、生产过程智能化、经营管理网络化，推进工业智能化进程。正视并把控软件工程本身的极端复杂性，充分考虑其综合成本和实施的可行性，既要确保工业软件产品自身的安全性、可靠性和稳定性，又要让企业客户用得了、用得上、用得起。

（二）发展重点

重点发展面向智能制造关键环节的工业软件产品和应用解决方案，布局工业大数据平台，打造工业云应用服务体系，突破面向智能工厂的智能设计与仿真及其工具、工业云操作系统、工业大数据处理、质量检测等高端工业软件核心技术，提高产品技术水平、安全可靠程度和综合集成应用能力。着力研发、推广新型工业数据平台、工业大数据分析服务平台、大数据监测平台等，提升工业大数据技术与应用结合水平。推动企业自主研发工控计算机系统，开发具备整体功能的软件、硬件及相应的一体化解决方案。积极搭建面向服务型制造的产品设计、仿真及优化的工业软件研发设计平台和生产经营管理平台，为企业研发设计提供开放服务。

五、对策建议

（一）加强顶层设计，成立高级别机构

从国家战略高度重视国产自主工业软件，提高其在战略性新兴产业政策扶持中的优先级。建议将国家发展改革委作为工业软件产业的牵头主管部门，加快制定相关扶持政策，出台核心技术发展保障制度。

建议由国家发展改革委牵头，成立国家工业软件产业创新战略发展委员会，其主要职责是为国家产业技术创新提供科学咨询和建议，具体包括：第一，持续跟踪研究工业软件产业创新发展规律和特点，研究制定工业软件产业创新发展战略，研究提出国家工业软件产业共性技术研发重点方向、政策措施和重大建议，为国家工业软件产业技术创新的战略谋划与顶层设计提供咨询建议；第二，组织开展国家工业软件产业技术创新体系建设评估，为改进和完善国家工业软件产业共性技术创新支撑体系建设提供科学依据。国家工业软件产业创新战略发展委员会由政府相关部门（国家发展改革委、教育部、科技部、工业和信息化部、财政部、国务院国资委等）代表、专家代表（战略科学家、产业技术专家和产业政策专家）、企业家代表共同组成，各占三分之一。除政府相关部门的代表采用派出方式产生外，其他代表可公开征募和选拔，实行任期责任制。同时，配备能力较强的办事机构。

（二）设立国家工业软件产业投资基金，增加共性技术供给

工业软件涉及技术和学科领域的综合交叉问题，要求上下游技术和产业的衔接、配套，形成系统的技术创新链，也需要跨学科、跨领域、跨技术活动阶段的系统而持续的投入支持。我国目前涉及工业软件产业技术创新的投入分散，与技术创新的规律不相适应。为避免重复立项、浪费资源，充分发挥社会主义集中力量办大事的制度优势，建议将分散在政府不同部门的共性技术创新资源统一起来、优化配置，建议学习芯片支持模式，尽快成立国家层面的CAD/CAM/CAE类国家工业软件产业投资基金，以持续、稳定、集中地支持建立和

发展国家工业软件共性技术创新研究院及行业共性技术创新基地，开展重大产业共性技术创新活动。对国内各家企业进行一次摸底，通过投资基金促使股权联合起来，或者参考西门子公司，通过大的工业企业集团进行产业收购，整合一盘散沙的工业软件企业，形成以 CAD/CAM/CAE 软件为核心的工业软件集团。

国家工业软件产业投资基金的支持、资助，可采用项目投资、贷款贴息、风险补偿、后补助等方式相结合进行，要发挥财政投资的导向作用，使财政资金与市场融资相结合，建立多元化、多渠道、多层次的投融资机制，吸引地方政府、企业和社会资金参与，引导社会创新资源向国家产业战略方向集聚。为防止"跑部钱进"，国家工业软件产业投资基金可采取产业引导基金模式进行市场化运作，充分支持商业化成熟的软件产品和企业。可以建立专项资金外的补助机制，鼓励设立市场化运作的产业引导基金，进一步优化科技资源配置，强化软件企业的技术创新主体地位，为关键核心技术发展提供优质金融服务，打造专项工程与市场投资双轮驱动的良好局面。

（三）改进和优化产业政策，强化以市场需求为导向的产业发展动力机制

改进和优化产业政策。改进政府配置资源的方式，发挥财政科技投入"四两拨千斤"的作用，提高公共科技资源的配置效率。建立国家科技资源配置的科学决策程序和保障机制，提高产业界对制定国家电子信息产业、软件产业政策的参与度。支持和鼓励工业软件企业参与政府支持的共性技术研发项目立项工作，增大企业在共性技术研发方面的发言权，使项目申报、课题研究和经费投入等各个环节都有企业直接参与。改革科技计划和项目的管理方式，建立合理的绩效考评机制，减少科技经费浪费，提高项目经费的使用效率。鼓励骨干企业、科研院所合力攻关关键基础问题和重大共性技术，短期内将原有技术基础扎实利用起来，促进技术成果产业化，然后逐步补齐短板，向国际软件巨头看齐。加强创新服务平台建设，政策扶持应聚焦软件核心技术攻关，打造一批汇聚活跃创新主体和开发者的开源社区及平台。改变增值税"先交后退"的政

策，建议直接将工业软件企业的增值税减到 3%；准许工业软件企业分支机构享受与总部相同的税收优惠政策。

强化以市场需求为导向的产业发展动力机制。促进工业软件科技成果的实际应用和商业转化，鼓励国有大中型企业和科研院校使用国产工业软件，对使用国产工业软件的单位进行激励，可在招标中加分，在项目申报、税收优惠上进行倾斜。积极创造有利于工业软件产业发展的公平竞争的市场环境，逐步建立健全企业发展投融资机制，逐步发挥市场在资源配置中的基础性作用。要加快构建以政府投入为引导，以企业投资、市场融资、外资引进等多渠道社会投入为主体的多元科技投入体制，优化创新资源配置，促进产业共性技术创新效率提升。充分利用财政资金的引导和杠杆作用，促进科技与金融结合，创新科技金融服务、金融工具，鼓励和支持各类金融机构针对产业共性技术研究与开发，探索无偿资助、贷款贴息、后补助等方式，建立科技型中小企业信贷风险分担机制和创业投资风险补偿机制，加快产业共性技术的突破和科技成果的转化。

（四）降低企业用工成本，增加人才供给

人才是创新的根本。引导各主要高校注重基础研发教育，加大基础研发人才培养力度，为工业软件企业提供人才支撑。同时，改变单纯考核论文发表情况的评价体系，鼓励科技人员投身基础科研。实现有效创新不仅需要科学家，还需要大批优秀的高技能人才和管理人才。完善相关政策、措施，激励、调动创新人才的积极性，形成尊重人才、用好人才的制度保障；既要建立专业技术人员的激励机制，也要保护具有创新精神的企业家；鼓励更多人才向企业集聚。要大力发展职业技术教育。促进高校与企业联合培养产业创新人才，联合制订人才培养计划，联合招生，共同建设课程体系、探索教学内容，共同实施培养，共同评价培养质量；鼓励高校与企业联合兴办高等职业学校，培养工程技术人员。对于工业软件企业的研发人才，要有针对性地降低社保企业缴费比例；对于成立 3 年以上的工业软件企业，建议政府进行社保补贴，以降低工业软件企业的前期开发成本。

第七章

关键基础材料产业发展的现状、问题与推进策略

基础材料是国民经济发展的重要支撑和先导。经过多年的发展，我国关键基础材料产业规模日益扩大，核心技术水平显著提高。但总体来看，我国基础材料产业起步晚、底子薄、总体发展较慢，仍处于培育发展阶段，进口依赖度高，供应链处于不稳定状态，技术创新能力弱，共性技术、原始创新能力不足，与发达国家的技术差距依然存在。"十四五"时期对于我国关键基础材料产业来说，是转型升级、高质量发展的关键时期，虽有国家政策支持的良好发展环境，但同时也面临着世界环境的不确定性的严峻挑战。"十四五"时期，关键基础材料产业应围绕重点领域的需求，完善研发体系和产业发展配套政策，着力构建以企业为主体、以高校和科研机构为支撑、军民深度融合、产学研用协同促进的关键基础材料产业体系，着力突破一批新材料品种、关键工艺技术与专用装备，不断提升基础材料产业的国际竞争力。

一、关键基础材料的定义、内涵与研究范畴

关键基础材料是新一轮工业革命的物质基础，是战略性新兴产业和高端制造业发展的支撑和保障，也是各国高技术竞争的关键领域。《工业强基》（屠海令、李腾飞、马飞，2016）中给出了关键基础材料的定义及其涵盖的范畴。关键基础材料是指先进工业制成品自身及其生产过程中所使用的支撑和关键材料，是先进制造业发展的基础，主要包括：先进制造业中应用量大、面广，但

仍存在问题的材料；影响经济安全和国防安全，必须自主研发的材料；引领先进制造业未来发展，需要提前布局的前沿新材料，如电子信息材料、新能源材料、关键化工新材料、建筑新材料、重大和高端装备用钢铁材料、高性能有色及稀有金属材料、无机非金属材料、特种纤维材料、生物医用和制药材料等。

　　《工业"四基"发展目录》（2016 年版）中主要针对 11 个产业领域提出了各领域的关键基础材料（见表 7-1），这 11 个领域分别为新一代信息技术、高档数控机床和机器人、航空航天装备、海洋工程装备及高技术船舶、先进轨道交通装备、节能与新能源汽车、电力装备、农业装备、新材料、生物医药及高性能医疗器械和其他产业，共计列有关键基础材料 268 种。

表 7-1　《工业"四基"发展目录》（2016 年版）各产业领域的关键基础材料清单

产业领域	关键基础材料
新一代信息技术领域（28 种）	8 英寸 /12 英寸集成电路硅片；先进半导体材料；新型显示材料；光刻胶；光掩膜材料；集成电路制造材料；集成电路封装材料；GaN；高导热轻型基础材料；高性能柔性导热材料；高性能介质材料；低损耗高频介质板材和高速板材；基于 500Gbit/s 容量的 OTN 帧处理器及复用映射芯片；硅光材料；TunableLD；抗盐雾纤维材料；高性能射频人工材料；非易失存储材料；光模块材料；高性能 PCB 材料；陶瓷基板、覆铜板等电子封装材料；新一代光纤材料；高性能磁性材料；SiC；区熔硅单晶；封装 DBC 基板用高纯铜箔；微波组件封装材料；吸气材料
高档数控机床和机器人领域（23 种）	钛合金；高强合金钢；高温合金；高强铝合金；吸嘴材料；PSA 材料；半导体材料；吸光材料；表面改性专用材料；高压液压元件材料；应变感知材料；高性能熔覆用金属与合金粉末材料；冶金制备齿轮钢所需的合金成分材料；冶金锻造齿轮材料；真空渗碳强化后的齿轮材料；超硬刀具材料；高性能轴承钢；耐油材料；耐磨材料；高柔性电缆材料；耐高温绝缘材料；半导体材料；高导热陶瓷基板及粉体
航空航天装备领域（27 种）	高强高韧轻质结构材料；高温结构材料；结构功能一体化材料；高性能碳纤维及其复合材料；PBO 纤维及其复合材料；高性能 Rusar 纤维及其复合材料；耐 650℃以上温度的高温钛合金材料；拉伸强度超过 1400MPa 的高强钛合金材料；变形高温合金；高性能聚合物纤维；高性能铝合金；富氧燃气通道耐高温抗冲刷涂层材料；高温合金离心轮粉末冶金材料；银锆铜材料；高质量铜合金粉末材料；热防护材料；玻璃空心微球；超导碳黑 / 石墨烯；高辐射涂层粉体原材料；电弧沉积专用铱靶材；大容积低温复合材料；低热导率轻质绝热材料；超高吸收率消光漆；富锂多元锰基正极材料；高性能硅基复合负极材料；高压绝缘灌封材料；航空轮胎

续表

产业领域	关键基础材料
海洋工程装备及高技术船舶领域（34种）	高性能海工钢；9Ni 钢配套焊接材料；COT 船用耐腐蚀钢焊接材料；水下焊接材料；海洋工程用 Q690 大厚板配套焊接材料；低温材料；降低船体摩擦阻力涂料；透声材料；双金属复合材料；超级双相钢材料；高性能密封材料；深水平台专用钢材；柔性立管复合材料；高性能深水阳极；深海矿石切割头材料；水下履带用复合材料；高性能纤维缆；超级奥氏体不锈钢和超级双相不锈钢；高性能耐蚀合金；海洋等耐蚀环境用高性能白铜合金材料；极地船舶用钢；超大型集装箱船用大厚度高止裂钢板；LNG 船储罐用殷瓦钢；高性能防腐涂料；岛礁建设用碳纤维复合材料；舰船复合材料；高耐蚀钛合金材；高耐蚀铜合金材；海洋工程用高强耐碱纤维材料；多功能结构一体化材料；超低温钢；高分子水润滑轴承材料；船体防微生物附着涂料；金属及非金属减震降噪吸声阻尼材料
先进轨道交通装备领域（15种）	高强度大尺寸中空铝合金型材；绝缘材料；高性能齿轮渗碳钢；轨道交通装备用新型高分子材料；镁合金材料；单晶硅材料；碳滑板材料；制动闸片材料；变压器用绝缘材料；牵引电机用绝缘材料；车体隔热绝缘材料；车轴钢；铁道车辆车体用耐蚀钢；高铁地铁用轨道交通复合材料；钛纳米晶材料
节能与新能源汽车领域（25种）	轻量化车身复合材料/混合材料；动力电池电极和基体；电机用硅钢和永磁材料；特种橡胶；高强度钢；高端弹簧钢；低摩擦材料；新型耐高温活塞材料；轻型耐高温高可靠性塑料；密封材料；高效新型催化剂；传动齿轮材料；NVH 隔振降噪材料；无石棉高性能摩擦材料及制动片；膜电容器高温膜材料；新型低铂或非铂催化原理及催化剂；超高分散度的纳米粉体浆料；高化学和机械稳定性固体电解质；高性能及低成本气体扩散层；高功率密度金属双极板；低滚动阻力安全轮胎；储氢材料；高性能铝合金材料；高性能镁合金材料；尾气检测用电子浆料
电力装备领域（31种）	重型燃机关键高温材料；SF6 替代气体；灭弧室高性能触头材料；耐电弧引弧材料；灭弧室耐高温绝缘材料；灭弧室用耐高温隔热材料；壳体用高导电率、高强度铸铝合金材料；绝缘子用高玻璃化温度、高强度环氧树脂复合绝缘材料；自润滑免维护轴承材料；高电压光缆材料；主机绝缘材料；高孔隙率活性炭及高电压窗口电解液；配电系统用绝缘材料；储能模块用铝合金材料；角环及成型件纸板 T3 材料；玻璃纤维绝缘板；绝缘硅橡胶；半导电硅橡胶；绝缘硅油；电子级及高强高韧环氧树脂；三元乙丙绝缘橡胶；核电用钢；核电机组用钛焊管；核电机组用碳纤维；高温真空集热管；汽轮机叶片用钛合金材料；高压大容量陶瓷电容器材料；高压或特高压输电线路用复合材料杆塔等电力复合材料；特高压电网工程用绝缘材料；大型复合材料风电叶片及复合材料杆塔；碳芯电缆
农业装备领域（7种）	离合器活塞材料；湿式离合器摩擦材料；采棉指材料；脱棉盘材料；种苗夹持材料；托轨材料；耐磨硼钢

产业领域	关键基础材料
新材料领域 （32 种）	新一代功能复合化建筑用钢；超大输量油气管线用钢；高性能轻合金材料；功能元器件用有色金属关键配套材料；生物基高分子材料；功能纺织新材料；高端专用化学品；高性能树脂；特种橡胶；高性能纤维、单体及复合材料；功能性膜材料；精细陶瓷和人工晶体材料；稀土功能材料；3D 打印用材料；超导材料；智能仿生与超材料；风光规模储能水系电池正负极材料；石墨烯及其材料；特种装备用超高强度不锈钢；高性能冷轧辊用钢；高性能稀有金属材料；特种工程塑料；电子级化学品；玻璃基材料；复合材料；非金属矿物功能材料；节能绿色结构功能一体化建材；高效低阻高温过滤材料；高纯石英玻璃及制品；无机真空绝热材料；环保过滤陶瓷装备；大尺寸石英坩埚
生物医药及高性能医疗器械领域 （19 种）	可降解血管支架材料；透析材料；医用级高分子材料；生物 3D 打印材料；探测器新型晶体材料；导光率、大数值孔径内镜光纤；超弹性镍钛合金；假肢体制备碳纤维材料；高强度可降解骨科植入材料；人工关节用交联超高分子量聚乙烯；中性硼硅玻璃；药用卤化丁基橡胶；高端湿性医用敷料材料；可吸收医用材料；植入用钛及钛合金材料；造影药剂；植牙材料；诊断和药物释放一体化靶向纳米材料；医用镁合金材料
其他产业领域 （27 种）	芳纶；高强中模聚酰亚胺纤维材料；超高分子量聚乙烯纤维（UHMWPE）；超高温钨钼及蓝宝石单晶炉热场材料；氮化硅陶瓷、氧化铝陶瓷、石英陶瓷等新型精细陶瓷粉体；新型聚酯纤维；高仿真纤维；多功能复合纤维；原液着色纤维；循环再生纤维；太阳能光伏电池背板用氟塑料薄膜；高环境污染产业过滤 PM2.5 用聚四氟乙烯、聚苯硫醚、聚酰亚胺等纤维及过滤材料；工业废水处理用聚四氟乙烯膜材料；工业生物酶制剂；油气开采用复合材料；陶瓷基复合材料；建筑保温无机复合材料；无石棉摩擦材料；三元催化剂材料；固定源废气净化脱硝 SCR 催化材料；移动源尾气净化脱硝 SCR 催化材料；圆珠笔头用易切削不锈钢；高品质工模具钢；钢结构建筑用超高强度结构钢；钢结构建筑用耐候钢；钢结构用高强度冷弯矩管；特种石墨

本研究主要围绕工业和信息化部"工业四基"对关键基础材料的分类和包含的内容。但由于数据的可获得性，部分会采纳新材料的数据来说明论证。

二、我国关键基础材料产业的发展现状及存在的问题

（一）发展现状

我国的关键基础材料经过多年的发展已取得了长足的进步，产业规模日益

扩大，核心技术水平显著提高，为国民经济发展提供了有力支撑。

1．整体规模不断扩大

我国高度重视关键基础材料产业的发展，国务院设立了国家新材料产业发展领导小组，国家发展改革委、工业和信息化部等多部门协作，先后出台了《工业强基工程实施指南（2016—2020年）》《"十三五"国家战略性新兴产业发展规划》《有色金属工业发展规划（2016—2020年）》《稀土行业发展规划（2016—2020年）》《新材料产业发展指南》《"十三五"材料领域科技创新专项规划》《重点新材料首批次应用示范指导目录》等一系列新材料产业政策，聚焦人才、技术、资金、空间、项目等多要素资源，大力支持新材料产业的发展。

2016年，工业和信息化部会同国家发展改革委、科技部、财政部联合发布了《新材料产业发展指南》，将高端晶圆等新一代信息技术材料，高性能、高精度高档硬质合金数控刀片等高档数控机床材料确定为新材料保障水平提升工程的重点新材料品种。工业和信息化部还编制了《化工新材料补短板工程实施方案》，提出了《重点化工新材料补短板产品目录》，力争到2025年，突破一批上游关键配套原料的供应瓶颈，实现一批高端应用领域的化工新材料产品保障；组织建立了重点新材料首批次保险补偿机制并开展试点，发布了《重点新材料首批次应用示范指导目录》，支持129种新材料产品推广应用。

在这一宏观背景下，我国关键基础材料产业规模快速增长，部分基础材料的产能已居全球首位，产业集聚效应明显，从追求大而全向高精尖转型，北京、深圳、上海、苏州成为国内四大纳米材料研发和生产基地；京津地区、内蒙古包头、江西赣州及浙江宁波等地则成为稀土钕铁硼材料的主要生产基地；武汉、长春、广州、厦门成为光电新材料的主要产业基地。

2．部分领域技术创新逐渐取得突破

技术创新能力提升是关键基础材料实现突破发展的基础，近年来国家各部门相继出台了一系列促进科技创新的重大举措，培养提升我国关键基础材料技术创新能力。科技部在"十三五"期间每年都实施"重点基础材料技术提升与产业化"重点专项，重点支持一批关键基础材料技术研发和产业化。

《"十三五"材料领域科技创新专项规划》的落实和科技重大专项的推进，由科技部为基础材料研发提供持续支持。"十三五"国家重点研发计划鼓励企业积极按程序申报相关项目，充分促进企业与高校、科研院所之间的交流。促进行业领军企业、科研院所、高校在联合实施国家重大研发任务中深度融合，提升企业对创新链和相关供应链的整合能力，实现基础研究、应用基础研究和成果转化应用的融通创新，为基础材料研发提供持续的支持。工业和信息化部考虑把高端晶圆、高端钨制品等新材料纳入《重点新材料首批次应用示范指导目录》的首批次支持范围，将合成酯冷冻机油、环保冷媒等基础产品纳入《重点化工新材料补短板产品目录》，为基础材料的研发提供支持。

在国家一系列技术创新政策的支持下，我国关键基础材料领域创新能力逐渐增强，国家级、省级、市级的新材料实验室、技术研究中心及科研院所初步筹建完善，材料研究队伍规模位列世界首位，研发实力稳步提升。大飞机专用第三代铝锂合金、百万千瓦级核电用U型管、硅衬底LED（发光二极管）材料、大尺寸石墨烯薄膜等方面积极创新，一批先进产品填补了国内空白。我国自主开发的钽铌铍合金、非晶合金、高磁感取向硅钢、二苯基甲烷二异氰酸酯（MDI）、超硬材料、间位芳纶和超导材料等生产技术已达到或接近国际先进水平。新材料品种不断增加，高端金属结构材料、新型无机非金属材料和高性能复合材料的保障能力明显增强，先进高分子材料和特种金属功能材料的自给水平逐步提高。随着新能源汽车产业的快速发展，我国动力电池的技术水平、产业规模也快速增长，电极、电解液等关键基础材料已达到国际先进水平。

3．产品质量不断提升

近年来，我国一些关键基础材料领域发展快速，先进半导体材料、新型电池材料、稀土功能材料等领域加速发展，高性能钢铁材料、轻合金材料、工程塑料等产品结构不断优化，有效支撑了高速铁路、载人航天、海洋工程、能源装备等工程顺利实施。生物材料、纳米材料应用取得积极进展。

4．产业标准体系逐步建立

随着我国各行业日益重视基础材料标准化工作，材料标准制修订步伐加快。2010 年以来发布了碳纤维、光学功能薄膜、功能陶瓷等新材料标准。
"十二五"期间发布了《新材料产业标准化工作三年行动计划》：一方面加大
重点新材料领域标准制修订力度，积极推动高纯金属及靶材、稀贵金属、储能
材料、新型半导体材料、新一代非晶材料、精细合金等重点标准的制修订工
作，成套、成体系制定并发布稀土永磁、发光等功能材料标准等；另一方面积
极开展重点新材料标准应用示范，以高强钢筋、功能性膜材料、特种玻璃、稀
有金属材料、稀土功能材料、复合材料等领域的标准为枢纽，面向电子信息、
高端装备等领域对新材料的需求，构建上下游联合、优势互补、良性互动的标
准制修订与实施机制，提高新材料标准的适用性，充分发挥标准对产业发展的
支撑和引领作用。

（二）存在的问题

我国关键基础材料产业起步晚、底子薄、总体发展慢，仍处于培育发展阶
段，关键材料保障能力不足，产品性能的稳定性亟待提高。

1. 进口依赖度高，供应链处于不稳定状态

我国半导体、液晶面板、化工新材料等多个领域都不同程度地存在关键基
础材料依赖进口的问题。国内关键基础材料的短板，让相关行业时刻面临着材
料短缺、产业链断裂的威胁。化工新材料领域中聚甲醛、溴化丁基橡胶、碳纤
维、芳纶、聚酰胺、聚苯硫醚、高纯电子气体和试剂、太阳能电池背板等高端
产品仍需进口，尤其是高纯磷烷特气、CMP 抛光垫材料等电子信息领域所需的
关键材料完全依赖进口。半导体和显示行业的核心材料、器件、设备几乎全部
依赖进口，目前我们自主生产的硅片以 6 英寸（150 毫米）为主，产品的主要
应用领域是光伏和低端分立器件制造，8 英寸（200 毫米）和 12 英寸（300 毫米）
的大尺寸集成电路级硅片严重依赖进口。目前国内光刻胶的自给率仅为 10% 左
右，主要集中于技术含量相对较低的 PCB（印制电路板）领域。6 英寸硅片的
g/i 线光刻胶的自给率约为 20%，8 英寸硅片的 KrF 光刻胶的自给率不足 5%，
12 英寸硅片的 ArF 光刻胶国内目前尚无企业可以大规模生产。高度依赖进口的

关键基础材料见表 7-2。

表 7-2 高度依赖进口的关键基础材料

领域	进口依赖材料清单
半导体	大尺寸硅材料、大尺寸碳化硅单晶、SOI、高饱和度光刻胶、电子特种气体、湿电子化学品、氮化镓单晶 / 氮化镓单晶衬底、化学机械抛光（CMP）材料、封装基板、高密度陶瓷材料等
显示	OLED 发光材料、超薄玻璃、高世代线玻璃基板、精细金属掩模板（FMM）光学膜、柔性 PI 膜、偏光片、高性能水汽阻隔膜、异方性导电胶膜（AFC）、特种光学聚酯膜（PET）、OCA 光学胶、微球、抗指纹涂层（AFC）涂料等
生物医用	医用级钛粉与镍钛合金粉、苯乙烯类热塑性弹性体、医用级聚乳酸晶状体等
新能源	硅碳负极材料、电解铜箔、电解液添加剂、铝塑膜、质子交换膜、氢燃料电池催化剂、气体扩散层材料等
高性能纤维	高性能碳纤维及其复合材料、高性能对位芳纶纤维及其复合材料、超高分子量聚乙烯纤维等
高性能膜材料	海水淡化反渗透膜、陶瓷膜、离子交换膜、中空纤维膜、高导热石墨膜等
先进高分子材料	聚苯硫醚（PPS）、聚砜（PSF）、聚醚醚酮（PEEK）、聚偏氟乙烯（PVDF）、聚甲醛（POM）、有机硅等
其他	高频覆铜板基材、液晶高分子聚合物（LCP）等

资料来源：新材料在线《50 大高度依赖进口新材料大解析！中国未来 10 年的机会或许在这里》，2020 年 6 月 1 日。

2. 技术差距依然存在

技术创新能力弱，共性技术、原始创新能力不足是我国关键基础材料普遍存在的另一个问题。由于新产品开发周期长、研发费用高、技术风险大，企业投入谨慎，产品创新和更新速度慢。新材料从研发到成熟应用往往要经历一个漫长的过程，少则几年，多则十几年、几十年。为此，发达国家往往实行"研发一批、储备一批、应用一批"的材料先行战略。但在我国，由于长期存在基础研究不够、企业融通不够、产用结合不够、要素联动不够等问题，新材料发展一直滞后于装备制造，重大装备、重大工程往往最后才确定材料方案，"等米下锅"的问题非常突出。

3．关键基础材料处于产业低端

对比国外新材料国际巨头，国内的新材料企业呈现小而散等明显特点，存在产品同质化、低值化，环境负荷重、能源效率低、资源瓶颈制约等重大共性问题。虽然我国关键基础材料规模快速增长，但多处于产业低端，以半导体材料为例，我国的半导体材料多集中于低端领域，高端产品市场主要被欧、美、日、韩等国家和地区的少数国际大公司垄断，国内半导体材料企业集中于 6 英寸以下生产线，只有少数厂商开始切入 8 英寸、12 英寸生产线。

三、主要发达国家关键基础材料产业的发展经验

从世界关键基础材料的发展现状来看，大部分关键基础材料技术被主要发达国家掌握，当然这也与世界各国对关键基础材料发展的政策以及发达国家所具有的技术、资金、人才优势密切相关。

（一）各国不断出台政策扶持关键基础材料产业发展

21 世纪以来，世界各国对关键基础材料产业的关注与重视达到了一个新的高度，纷纷制定相应的规划，从研发、市场、产业环境等不同层面出台政策，全面加大扶持力度，推动关键基础材料产业的发展。迄今为止，已有 20 多个发达国家和新兴经济体制定了与材料相关的新兴产业发展战略，启动了 100 余项专门计划。美国于 2009 年、2011 年和 2015 年三度发布《美国国家创新战略》，其核心理念是构筑"创新金字塔"，其中清洁能源、生物技术、纳米技术、空间技术、健康医疗、先进制造等国家优先发展的领域都涉及关键基础材料。欧盟成员国为实现经济复苏、消除发展痼疾、应对全球挑战，于 2010 年 3 月制定了《欧洲2020 战略》，提出多个战略重点。德国于 2010 年发布了《德国 2020 高科技战略：创意、创新、增长》。英国商业、创新与技能部于 2011 年发布了《促进增长的创新与研究战略》报告。日本于 2015 年在《经济再兴战略》的基础上发布了《新经济增长战略》。韩国于 2009 年发布了《绿色增长国家战略及五年行动计划》和《新增长动力规划及发展战略》。各国还通过制定专项规划和行动计划，加

大实施力度，支持材料重点领域优先发展。美国、日本、欧洲国家还分别推出了《"智慧地球"计划》《大数据研究与开发计划》《数字日本创新计划》《数字英国》等专项实施计划。巴西、印度、俄罗斯等新兴经济体则采取重点赶超战略，在新能源材料、节能环保材料、纳米材料、生物材料、医疗健康材料、信息材料等领域制定专门规划，力图在未来的国际竞争中抢占一席之地。上述规划都将关键基础材料作为发展产业的重要环节，并将其列为重点发展方向和发展领域，以此作为新一轮工业革命的重要支撑。

（二）资金、技术、人才优势是关键基础材料产业发展的重要支撑条件

从目前全球关键基础材料的市场份额来看，跨国企业仍占据主导地位，主要原因在于世界著名跨国企业有着显著的技术研发、资金和人才等优势，这促使其不断向关键基础料领域拓展，在高附加值材料产品中占据主导地位。信越、瓦克、胜高、SunEdison 等占据了国际半导体硅材料市场销售额的 80% 以上。半绝缘砷化镓 90% 以上的市场被日本的日立电工、住友电工、三菱化学和德国 FCM 分享。陶熙、通用电气、瓦克和罗纳 - 普朗克及日本一些公司基本控制了全球有机硅材料市场。杜邦、大金、DN-Hoechst、3M、Ausimont 等 7 家公司拥有全球 90% 的有机氟材料生产能力。美国科锐使用碳化硅衬底制备氮化镓基 LED 芯片的技术具有很强的市场竞争力。小丝束碳纤维的制造基本被日本的东丽纤维、东邦、三菱和美国的 Hexel 所垄断，而大丝束碳纤维则几乎由美国的 Fortafil、Zoltek、Aldila 和德国的 SGL 4 家公司所垄断。美铝、德铝、法铝等世界先进企业在高强高韧铝合金材料的研制生产领域占据主导地位。美国的 Timet、RMI 和 Allegen Teledyne 三大钛生产企业的总产量占美国钛加工总量的 90%，是世界航空级钛材的主要供应商。

四、发展思路与发展重点

（一）发展思路

"十四五"时期我国的关键基础材料产业发展要面向信息、能源、节能环

保、生物、航空航天、高端装备制造等产业领域的战略需求，突破电子信息材料、新能源材料、关键化工材料、绿色建材新材料、重大和高端装备用钢铁材料、高性能有色及稀有金属材料、无机非金属材料、特种纤维材料、生物医用和制药材料的核心技术，着力提高关键基础材料产业的自主创新能力，通过优化组织实施方式，支持产业结构调整、产品升级换代和国家重大工程亟需的关键基础材料研发与工程化，促进一批关键基础材料实现产业化和规模应用。建立产业链上下游优势互补、密切合作机制，有效缩短关键基础材料的研发、产业化和规模应用周期，促进企业加强技术创新，形成持续创新能力，进一步增强我国关键基础材料产业的核心竞争力，实现从材料大国向材料强国的战略性转变，全面满足先进制造业、国家重大工程和社会可持续发展对关键基础材料的需求。主要任务如下。

推进关键基础材料高质量发展。加强前瞻性基础研究，全面突破高端新材料核心技术，提高关键战略材料的自给率，推动绿色、低碳的新材料技术突破及产业化，实现产业转型升级，力争新材料产业规模和竞争力优势位居国际前列，形成若干个世界级新材料产业集群。

加强科研软实力建设，攻克一批"卡脖子"技术。突出重点，增加研发投入，切实提升关键基础材料技术工艺水平。围绕重点领域的需求，发展航空航天材料、高端装备材料、新一代电子信息材料、前沿生物医用材料、新能源材料等，关注 5G、柔性显示等新兴方向的材料需求，促进开发与应用联系更紧密。加强新材料人才培养与创新团队建设，完善激励机制，推动形成企业、科研院所、高校及公共服务平台间的研发链条，以企业提需求、科研院所及高校定向培养人才的方式开展技术攻关，实施重大项目。增加研发课题经费，鼓励跨区域联合开发，解决新材料领域的"卡脖子"问题。

积极推进向材料强国转变。以满足传统产业转型升级、战略性新兴产业发展和重大基础装备急需为主攻方向，着力构建以企业为主体、以高校和科研机构为支撑、军民深度融合、产学研用协同促进的关键基础材料产业体系，着力突破一批新材料品种、关键工艺技术与专用装备，不断提升基础材料产业的国际竞争力。促使关键基础材料产业整体水平达到国际先进水平，实现大规模绿色制造和循环利用，基本建成关键基础材料产业创新体系，实现绝大部分关键基础材料的自给，满足国民经济、国家安全、社会可持续发展的需求，实现我国由材料大国向材料强国的战略性转变。

着力解决重点基础材料产业面临的产品同质化、低值化，环境负荷重、能源效率低、资源瓶颈制约等重大共性问题。通过基础材料的设计开发、制造流程及工艺优化等关键技术和国产化装备的重点突破，实现重点基础材料产品的高性能和高附加值、绿色高效低碳生产。提升我国基础材料产业的整体竞争力，满足我国高端制造业、战略性新兴产业创新发展，新型工业化和城镇化建设的急需，为我国参与全球新一轮产业变革与竞争提供支撑，实现我国材料产业由大变强、材料技术由跟跑型为主向并行和领跑型转变。

大力推进生产过程的智能化和绿色化改造。重点突破材料性能及成分控制、生产加工及应用等工艺技术，不断优化品种结构，提高质量稳定性，延长服役寿命，降低生产成本，提高先进基础材料的国际竞争力。加强基础研究与技术积累，注重原始创新，加快实现重大原创性突破。突破一批关键共性技术，提高新材料产业的支撑能力。

（二）发展重点

根据我国产业发展对关键基础材料的需求，结合国际材料产业发展趋势，以及重大技术与颠覆性技术对战略性新兴产业未来的影响，"十四五"时期我国应重点发展以下领域的关键基础材料。

1. 新一代信息技术领域关键基础材料

新一代信息技术的关键和基础是半导体集成电路、电力电子器件（亦称半导体功率器件）和光电器件。其中，新纳入的电力电子器件又被确认为将工业化和信息化融合的最佳产品。上述关键和基础技术都需要电子信息材料及其产品的支撑，形成相应的产业链。其中，半导体材料是新一代信息技术产业发展的前提与基础，随着5G、物联网、人工智能等技术的发展，对第三代半导体材料的需求将会激增。同时，我国在硅片制造领域与日、美等国家的差距巨大。

"十四五"时期要重点突破 8 ~ 12 英寸 IC 级硅单晶材料及外延片的关键技术，4 ~ 6 英寸超薄锗片及其切割和抛光工艺技术，3 ~ 6 英寸砷化镓、磷化铟材料及其抛光工艺技术，碳化硅、氮化镓等第三代半导体衬底及外延材料关键技术，形成 4 ~ 6 英寸碳化硅材料的批量生产能力。提高大尺寸光纤预制棒、高精度高稳定性传感光纤材料、高功率激光光纤材料等特种光波导纤维材料、高性能复合介质基板、压电陶瓷材料、高纯金属及合金溅射靶材、异型蓝宝石晶体材料溅射镀膜靶材、抛光液、电子粉末包封料、辐射固化材料的生产技术水平。此外，"十四五"时期将聚焦集成电路基础材料领域，并重点发展高性能磁性材料和光电信息材料领域。

集成电路基础材料。重点发展电子级多晶硅、200 毫米和 300 毫米单晶硅片、大尺寸碳化硅单晶、氮化镓晶片等先进半导体材料，以及高端集成电路制造用光刻胶、电子湿化学品、电子气体和前驱体；扩展高纯金属及合金溅射靶材产品线。在硅片金属杂质、氧含量、表面缺陷以及几何尺寸控制等方面开展重点攻关；开展第三代半导体材料外延生长动力学、掺杂动力学、缺陷形成和控制规律等基础研究。

高性能磁性材料。加强高性能低功耗的功率铁氧体、新型高性能非晶纳米晶软磁材料、下一代高频稀土软磁材料、电磁屏蔽和吸波材料、复合软磁材料等软磁金属材料的生产技术研发，满足电子信息领域的需求。

光电信息材料。重点发展光纤预制棒全合成制造技术、偏光增亮膜及量子点膜等多种光学膜产品、蓝宝石晶体及衬底材料、压电晶体材料，提升产品技术含量，开展稀土掺杂光纤、光纤连接器用高密度陶瓷材料的加工技术研发，满足信息通信设备的需求。

2. 装备制造领域关键基础材料

发展高端装备制造业是建设现代化强国，顺应全球科技革命和新兴产业发展大势，融入全球经济，增强创新驱动，加快推动经济转型、产业升级和结构优化的需要。发展装备制造需要突破关键核心技术、关键基础材料、零部件(元器件）等瓶颈制约。我国无论是航空航天装备、先进轨道交通、高档数控机床和机器人，还是海工装备、电力装备等产业领域，高端化发展都面临一系列关键基础材料的制约。因此，"十四五"时期针对航空航天、先进轨道交通、高档数控机床和机器人、电力装备以及农用机械装备领域需要的关键基础材料，还要加大扶持发展力度。

航空航天装备材料。开发超高强铝合金中厚板及型材制品、大规模锻件及型材、大型复杂结构铝材焊接件、大型钛合金材、特种稀土合金等产品，提升新型轻合金材料的整体工艺技术水平。突破高强高模碳纤维产业化技术、高性能芳纶工程化技术，开展大型复合材料结构件研究及应用测试。突破碳纤维与金属、陶瓷、高分子等材料的复合关键技术，实现高性能碳纤维复合材料的规模化制备与应用。开展高温耐蚀镍基固溶强化合金、耐高温涂层技术的开发。

先进轨道交通装备材料。推进高速铁路轨道系统用大直径螺旋肋钢丝，高强度、低松弛、高黏结、高抗疲劳性的预应力钢材，重载铁路用钢，机车专用耐候焊丝，高铁用聚氨酯，高质量成套配件的研发和生产。制定符合高速轨道交通需求的材料技术规范。推动实现稀土磁性材料在高铁永磁电机中的规模应用。开发钢轨焊接材料加工技术，发展风挡和舷窗用高品质玻璃板材。加强先进阻燃及隔音降噪高分子材料、制动材料和轨道交通装备用镁铝合金制备工艺研究，加快碳纤维复合材料在高铁车头等领域的推广应用。

高档数控机床和机器人材料。提升稀土永磁材料、非晶和纳米晶软磁材料、磁敏材料的产业化技术水平，推进应用器件产业化。开发高柔性电缆材料、耐高温绝缘材料。调整超硬材料的品种结构，发展低成本、高精密人造金刚石和立方氮化硼材料。

电力装备材料。重点开发核电压力容器大锻件系列钢种。开发智能电网用高容量稀土储氢材料。突破 5 兆瓦级大型风电叶片制备工艺。

农机装备材料。开展高强高硬耐磨钢系列化产品开发，在农机装备及配件中实现对高碳弹簧钢的应用替代。开发农机离合器活塞材料、湿式离合器摩擦材料等，满足农业作业环境及特种装备的需求。

3．节能与新能源汽车领域关键基础材料

新能源电池材料是指支撑新能源发展、具有能量存储／转换功能、能起到节能减排作用的材料，主要包括太阳能电池材料、锂离子动力电池材料和燃料电池材料。我国新能源电池材料产业与世界先进水平相比仍有较大差距，具有自主知识产权的技术和产品少，产品的竞争力主要体现在一定的成本优势上。加强新能源关键基础材料自主研发能力，开发核心技术，建立完善的产业技术平台，是发展我国新能源材料的重要举措。

根据动力电池和储能电池的需求，开发高能量密度电极材料；开发汽车复合材料轻量化零部件，减少能耗。重点提升镍钴锰酸锂／镍钴铝酸锂、富锂锰基材料和硅碳复合负极材料的安全性、性能一致性，并延长其循环寿命，开展高容量储氢材料、固体氧化物燃料电池材料、质子交换膜燃料电池及防护材料研究，实现先进电池材料的合理配套。重点攻关高纯度电解质制备与复配技术、高比容电极和耐高温隔膜制备技术，突破快速固化树脂及快速胶接剂技术、复合材料设计技术、碳纤维预成型技术、复合材料快速成型及自动化装备技术，扩展高性能复合材料的应用范围，支撑汽车轻量化发展。

4．生物医药及高性能医疗器械领域关键基础材料

近年来，由于我国老龄化带来的潜在健康需求以及社会保障水平和居民购买力的提升，生物医用和制药材料市场高速扩容，在管理制度、标准、规范等方面不断改进，有力推进了我国生物医用和制药材料产业的发展和产品结构调整。但我国与国际产业规模及发展速度相比仍存在一定的差距，高端产品的核心技术基本上为国外所垄断，进口依存度较高，远不能满足全民医疗保健的基本需求。

"十四五"时期生物医药及高性能医疗器械领域关键基础材料发展应重点围绕未来人口老龄化带来的疾病诊断以及各种疾病治疗和创伤修复的需求，开展稀土闪烁晶体及高性能探测器件产业化技术攻关。重点发展医学成像与诊断用纳米材料、稀土闪烁晶体及高性能探测器件产业化技术，苯乙烯类热塑性弹性体等不含塑化剂、可替代聚氯乙烯的医用高分子材料，生物基可降解无纺布、组织诱导性生物医用材料、高分子材料药物控制释放系统，齿科材料、骨

科材料、生物传感材料、高端植介入医用材料及器械，医用增材制造材料及其配套装备、扫描技术与软件。

5. 海洋工程装备及高技术船舶领域关键基础材料

虽然我国钢铁工业的发展规模越来越大，但高性能海工钢、深水平台专用钢材、超大型集装箱船用大厚度高止裂钢板等海工装备领域用钢还不能满足需求。

"十四五"时期海洋工程装备及高技术船舶领域关键基础材料的发展重点：加快海洋工程用高强度特厚齿条钢、超高强度钢、海水淡化和化工用双相不锈钢、石油钻采用无缝钢管、钛合金钻杆产品、海洋用纯钛管和舰船用大口径高强度厚壁钛合金气瓶管、耐蚀盘条、海洋平台专用焊丝、油船用高品质耐蚀不锈钢复合船板和耐蚀钢管等产业技术开发。

五、对策建议

构建产学研用协同创新的新材料产业体系，为产业发展创造良好的生态环境，对从先导性基础研究、产品与工艺技术开发、产业化到产品应用推广的各个阶段给予支持，提高科研机构、人才、资本等相关资源的配置效率，激发市场的创新创业活力。

（一）加快研发体系建设

加强基础材料基础研究、应用技术研究和产业化的统筹衔接，完善创新链上的薄弱环节，形成上中下游协同创新的发展环境。紧密围绕国家发展战略，加强顶层设计，合理布局关键基础材料的研发体系。重视当前处于研发阶段的前沿材料，适度超前安排，建立符合行业标准的关键基础材料设计—制造—评价共享数据库，建设与国际接轨并具有我国特色的材料标准体系，着力突破关键基础材料产业发展的工程化问题。

国家针对重点基础材料研发成立专门的研究机构，充分调动科研院所、高校、产业专家的积极性，举全国之力集中攻关；鼓励有实力、有担当的民族企业开展相关科研项目，并给予相应的政策、资金支持；国有企业及财政投资项目优先选择我国自主研发、自主生产的相关产品，培育产业发展。

（二）推进从研发到应用的进程

围绕国家重大工程建设需求，加强产学研用协同创新，提高关键基础材料的一致性和服役可靠性。推动优势关键基础材料企业与高端装备制造企业建立供应链协作关系，优化品种结构，促进产品融入全球高端制造业供应链，提高我国关键基础材料的国际竞争力。

（三）完善产业发展环境

加快制定关键基础材料产业发展指导目录和投资导向意见，完善产业链、创新链、资金链。发挥市场的资源配置作用，科学引导，理性投资，协调国家对重点基础材料行业的聚焦支持，帮助关键基础材料中小企业群体健康成长，营造具有国际竞争力的产业生态环境。

加大财政、金融、税收等政策对关键基础材料产业的扶持力度，建立和完善规范化的风险投资运行、避险和退出机制，形成鼓励使用国产关键基础材料的健康体系。完善支持创新的税收政策，创造良好的投资环境，防止一哄而上引起的"投资碎片化"，落实研发费用加计扣除和高新技术企业所得税优惠等政策。

（四）加强人才体系支撑

实施创新人才发展战略。引导高等学校、中等专业技术学校和职业技术学校重视制造业基础学科建设，鼓励大型科研机构建立研究生教育和博士后工作站，倡导企业与学校及科研机构联合开展职业教育和在职培训，形成多层次适用人才培养体系。鼓励采取核心人才引进和团队引进等多种方式引进海内外人才，鼓励企业积极培养自主创新的人才队伍。同时，充分发挥行业协会、科研机构和高校的作用，共同建立关键基础材料产业专家系统，加强材料研发、生产和应用的直接沟通与交流。关键基础材料产业专家系统可就关键基础材料发展现状、发展趋势和需要关注的重点问题提供咨询意见。

第八章

集成电路产业基础再造的现状、问题与对策研究

集成电路产业是整个信息技术产业的基石，关系国民经济健康稳定安全发展的全局，具有战略性、基础性、系统性的重要作用，特别是在大国博弈背景下成为国际经济竞争的焦点。本章从产业链角度，分环节、系统性地开展我国集成电路产业链自主可控水平的研究，以评估技术经济安全风险点，研判国产化替代的机遇与挑战，提出有针对性的政策着力点建议。

一、我国集成电路产业链自主可控程度的现状

集成电路产业链条长、集成度高、成套性强，可大致分上、中、下游环节（见图8-1）。上游基础产业，包括半导体加工设备、半导体材料等硬件，以及EDA软件、核IP等软件，在集成电路产业链中发挥基础性、决定性作用。中游制造产业，可分为设计、制造、封测三大主要环节，均对上游依赖度高。譬如，设计环节需基于成熟的架构基础并使用软件工具，制造环节需使用专业精密设备和制作材料，封测环节也需使用多种专用仪器和封装材料。下游为半导体产品的终端应用，包括智能手机、计算机、物联网、国防军工等。本章将以产业链各关键环节为序，借鉴相关文献从市场份额、国产化率、技术水平差距等维度衡量自主可控水平的评价方法（王礼恒等，2020），对设备、材料、软件（EDA）、设

注：本章中涉及我国的数据，除已有专门区分的以外，均已包括台湾省的相关数据。台湾省的主要优势在于芯片制造和封装测试环节，本章已在相应部分对中国大陆地区和中国台湾地区进行了区分。而在芯片产业链的其他环节，如设计、设备、材料、软件等，因台湾省布局极少，所以不再做中国大陆地区和中国台湾地区的区分，统一呈现的是我国整体（包含台湾省在内）的情况。

计、制造、封测等集成电路产业链的主要环节开展诊断，评估自主可控程度。

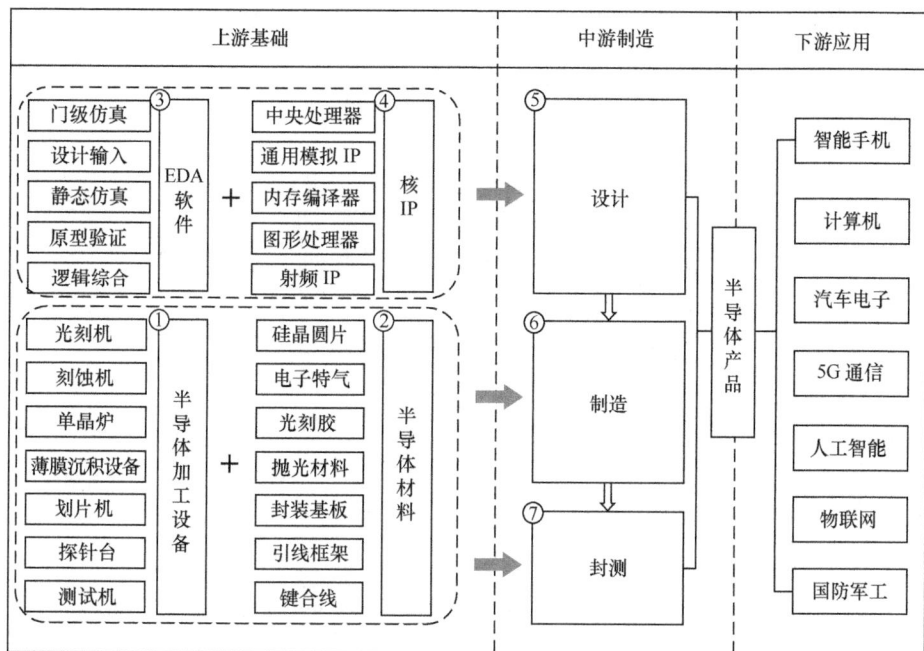

图 8-1　集成电路产业链图谱

（一）设备：先进制程尚待突破

半导体加工设备是芯片制造的"母机"，其性能高低决定芯片精度。根据国际半导体产业协会（SEMI）的数据，2020 年全球半导体加工设备中，晶圆制造设备（如刻蚀机、光刻机、薄膜沉积设备、CMP 设备、清洗干燥设备）等的价值占比为 81%，封装测试设备的价值占比为 19%。当前全球半导体加工设备市场被美、日、荷三国垄断，分别占约 40%、30%、20%。譬如，美国垄断了干法刻蚀机，日本主导清洗干燥设备和匀胶显影机等，荷兰则占据了光刻机设备的世界霸主地位，占据全球市场份额的八成以上。

而我国集成电路设备的自给率平均仅为 10%。绝大多数设备的国产化工艺已突破，但因技术先进性不足、良品率低未量产、采购转换成本高等问题，短期使用率不高。特别是技术水平上，如刻蚀机、薄膜沉积设备、离子注入设备等均已实现了 28 纳米以下先进制程工艺的产业化应用；但光刻机目前国产可替代的最先进工艺仅为 90 纳米制程，与国外差距较大（见表 8-1）。这使得国产化设备整体可满足大家电、智能工业机器、国防军工芯片等要求，但仍无法满足智能手机、计算机、游戏机等消费电子制造需求。

表 8-1　半导体加工设备的国产化替代情况

设备名称	能否国产	国内技术水平	国外技术水平	差距	国产使用率	国内厂商
刻蚀机	能	3 纳米	3 纳米	不大	7%	中微半导体、北方华创
光刻机	能	90 纳米	3 纳米	较大	<1%	上海微电子
薄膜沉积（CVD/PVD）设备	能	14 纳米	3 纳米	较大	8%	中微半导体、北方华创、沈阳拓荆
清洗干燥设备	能	12 英寸	12 英寸	不大	20%	盛美半导体、北方华创、至纯科技
化学研磨（CMP）设备	能	12 英寸	12 英寸	不大	10%	华海清科、电科装备 45 所
单晶炉 / 氧化炉	能	12 英寸	12 英寸	不大	95%	南京晶能、晶盛机电
涂胶显影设备	能	12 英寸	12 英寸	不大	8%	沈阳芯源、芯源微
离子注入设备	能	12 英寸	12 英寸	不大	3%	中信科、凯世通
封装检测设备	能	先进	先进	不大	40%	上海睿励、精测电子、长川科技

注：目前国产光刻机成品采用的是 90 纳米技术，上海微电子已突破 28 纳米技术。

资料来源：中微半导体、盛美半导体等公司招股说明书，《2020 年上海集成电路产业发展研究报告》，前瞻产业研究院。

（二）材料：高端技术亟待量产化

半导体材料是芯片制造的"粮食"，构成芯片的物理载体基础。没有材料，芯片制造就是"无米之炊"。全球晶圆制造材料价值占比前五分别为硅片、电子特气、光刻胶辅助材料、光掩膜和 CMP 材料，封装材料价值较低。从全球半导体材料格局来看，日本是领导者，占据约 52% 的市场份额。在制造芯片所需的 19 种主要材料（如硅片、光刻胶、靶材等）中，日本有 14 种材料的全球份额占比超过 50%，位居全球第一。

我国半导体材料的自给率近 30%，封装材料大部分能适应国内需求，但技术壁垒较高的多种晶圆制造材料对外依存度高。例如，第一大材料——硅片方面，国内虽已突破 12 英寸大晶圆片技术，但国产废片率高、价格高，从日本、德国、韩国等国进口比例依然较高。第二大材料——电子特气尚未全部国产化。目前集成电路生产用的 100 余种特种气体，国内仅能生产约 20% 的品种，部分含氟气体、掺杂、沉积等工艺的特种气体技术尚未国产化。技术瓶颈主要在于，国内尚未达到 5N 以上高纯和超纯气体要求，无法保证电子元器件的可靠性和成品率。第三大材料——光刻胶，国内的上海新阳、南大光电虽已突破了 KrF 光刻胶、ArF 光刻胶等高端光刻胶技术，但仍暂处于从实验室突破到小规模试产的产业化探索阶段，尚未实现大规模量产，特别是 ArF 光刻胶目前的国产化率不足 5%（见表 8-2）。

表 8-2　半导体材料的国产化替代情况

材料名称	能否国产	国内技术水平	国外技术水平	差距	国产使用率	国内厂商
硅片	能	12 英寸	12 英寸	不大	15%	沪硅产业、中环股份
光刻胶	能	g/i 线光刻胶	g/i 线光刻胶	不大	20%	晶瑞股份、飞凯材料
	能	—	KrF 光刻胶	较大	5%	上海新阳（已试产但未量产）
	能	—	ArF 光刻胶	较大	1%	南大光电（已试产但未量产）
电子特气	否	35% 本土化	5N 以上高纯、超纯度	部分国产化	20%	华特气体、南大光电、雅克科技
溅射靶材	能	7 纳米	5 纳米	较大	20%	江丰电子、有研新材
光掩膜	能	第 8.5 代	第 10.5 代	较大	10%	清溢光电
CMP 材料	能	14 纳米	5 纳米	较大	15%	鼎龙股份、安集集团
封装基板	能	FC 基板	FC 基板	不大	10%	深南电路、兴森科技

资料来源：根据 SEMI、中国工业气体工业协会等的公开资料整理。

（三）EDA软件：存在国产化空白

EDA 软件即电子设计自动化软件，是芯片设计、模拟、仿真的工具，被誉为"芯片之母"。一旦 EDA 软件受制于人，整个芯片设计将如鲠在喉。从全球 EDA 软件格局来看，市场被美国公司垄断，前三名分别是美国新思科技、美国铿腾电子和被德国西门子收购的原美国公司明导国际，共占据了全球市场 70% 以上的份额。另据赛迪智库的数据，国外这三大 EDA 软件巨头占据了国内 90% 的市场份额。

而国内供货商（如华大九天、概伦电子、广立微、芯禾科技等十余家公司）仅占国内 EDA 软件市场份额的 5%，且产品线仅占集成电路设计所需全套软件的约 1/3，另有 2/3 如逻辑综合、测试性设计、物理验证等环节均是空白（见表 8-3），产业链的经济安全风险极大。这意味着即便不追求性能，只考虑总体可用、可替代性，也距离完全国产化替代甚远。我国 EDA 软件自主可控的短板，不仅是性能不佳，更是空白领域过多。鉴于美国禁令，2019 年后国外已断供华为 EDA 软件，虽华为曾买断既往版权，但若长期无法更新，也将严重危及产品性能，因此国产化替代势在必行。

表 8-3　EDA 软件的国产化替代情况

EDA 软件类别	芯片设计流程环节	是否国产化	国内 EDA 软件提供企业
数字芯片设计	仿真	是	芯华章、阿斯卡
	逻辑综合	否	—
	测试性设计	否	—
	模拟	是	—
	布局布线	是	国微集团
	物理验证	否	—
模拟芯片设计	提取、验证、模型	是	华大九天、概伦电子
生产制造	仿真、分析、校准	是	广立微
芯片分析服务	良率分析	是	芯愿景

资料来源：根据电子系统设计（ESD）联盟、公开资料整理。

（四）核IP：CPU亟待突破

核 IP（Core Intellectual Property）指芯片架构，是从芯片设计环节中逐步分离出来、经过验证、可重复使用的设计模块，可降低芯片的设计成本和错误率，提高芯片的设计效率。核 IP 如搭建房屋的四梁八柱，被誉为集成电路产业的"魂"。核 IP 中最重要的是中央处理器（CPU），目前全球存在 4 种主流的 CPU 构架，它们各自垄断不同类型的市场：X86、ARM、RISC-V、MIPS。例如，PC 端上，美国英特尔的 X86 垄断市场多年，地位难以撼动；智能手机、iPad 等移动端设备上，日本控股公司 ARM 的优势不可替代；智能穿戴设备上，RISC-V 应用广泛；网关、机顶盒等市场上，MIPS 深受欢迎（见表 8-4）。

表 8-4　核 IP 中 CPU 的架构类型

架构	应用场景	代表性的厂商	运营机构	发明时间
X86	PC 端等	英特尔、AMD	英特尔（美国）	1978 年
ARM	移动端设备和便携设备端等	苹果、谷歌、高通、IBM、华为	ARM 公司（英国公司，后被日本收购，现美国欲收购）	1983 年
RISC-V	智能穿戴设备等	三星、英伟达、西部数据	RISC-V 基金会（开源）	2014 年
MIPS	网关、机顶盒、PC 端等	龙芯	MIPS 科技公司（开源）	1981 年

国内芯片架构方面，PC 端 CPU 上，商用款"龙芯一号"历经 20 年自主研发，于 2021 年研制成功且占据了国内 2% 的市场，性能接近国际主流产品，这标志着未来可不再高度依赖英特尔授权；移动端 CPU 供应链的安全风险较大，目前尚未国产化，高度依赖日本控股的 ARM 授权；应用于网关、机顶盒、智能穿戴设备的 RISC-V、MIPS 两款 CPU 属开源性质，因此基本不存在断供风险。其他 IP 零部件上，国内的芯原等公司在图形处理、数字信号处理、通用模拟 IP 等绝大多数模块上基本能实现国产化替代（见表 8-5）。

表 8-5　核 IP 模块的国产化替代情况

模块	是否国产化	国内核 IP 模块提供企业
中央处理器	部分	龙芯
数字信号处理器	是	芯原
图形处理器	是	芯原、芯动科技

模块	是否国产化	国内核 IP 模块提供企业
图像信号处理器	是	芯原
接口模块	是	芯原
通用模拟 IP	是	芯原
基础库	是	芯原
嵌入式非挥发性存储器	是	华虹半导体
内存编译器	否	—
射频 IP	是	芯原
周边 IP	是	芯原

注：龙芯已实现 PC 端 CPU 国产化，但移动端 CPU 尚未国产化。
资料来源：根据芯原股份招股说明书、公开资料整理。

（五）设计：世界领先水平

芯片设计是制造前的关键一环，是将系统、逻辑与性能构想转化为具体物理设计版图的关键过程。芯片能实现怎样的功能，完全取决于最初的芯片设计。2021 年，美国企业占据了全球集成电路市场总量的 54%，韩国企业占 22%，中国企业占 13%，其中，中国大陆企业占 4%，中国台湾企业占 9%。在全球前十大集成电路设计厂商中，总部位于美国的厂商高达 6 家，剩下 4 家均来自中国台湾省，排名前三的厂商均为美国企业。

在芯片设计领域，我国的竞争力处于世界领先水平，自主可控程度高，不仅完全实现了国产化，而且华为海思自研设计 5 纳米制程的麒麟 9000 芯片和最先进的美国高通骁龙 875 芯片的 5 纳米制程设计能力同步甚至综合性能领先。同时，国内的芯片设计水平不仅能满足家电、物联网等成熟制程的需求，也完全能满足智能手机、计算机等先进制程的需求。

（六）晶圆代工：尚待提升先进制程能力

晶圆代工是整个产业链最综合的环节，需使用各类材料和设备硬件设施，依据设计稿完成芯片制造。该环节工艺步骤多达上千步、复杂度高、技术难度极大，只有每一步的合格率达到 99.99% 以上，才能实现整体芯片制造 90% 的良品率从而量产。2020 年全球芯片制造营收份额排名第一的地区是我国台湾地区，以台积电、联电、力积电、世界先进、稳懋为代表，合计占比 75% 以上，特别是台积电一家占据了全球 63% 以上的份额。排名第二的是我国大陆地区，占比为 10% 左右，以中芯国际、华虹集团为代表。

我国大陆地区的芯片制造工艺相比台湾地区尚有一定的差距，还未达到世界先进技术水平，如中芯国际掌握了 14 纳米及以上工艺，而台积电的生产工艺已达到 5 纳米、7 纳米水平。值得说明的是，芯片制造水平与光刻机等设备的精度不完全相关。如台积电的 7 纳米芯片，是以传统用于 14～20 纳米工艺的 193 纳米波长浸润式 DUV 光刻机而非 EUV 光刻机量产的。大陆地区也有这款光刻机，但因制造工艺技术水平达不到而无法实现 7 纳米芯片量产。因此，具有附加值和技术研发含量的制造工艺本身落后，也是高端芯片制造无果的原因。

（七）封装测试：世界领先水平

封装测试是芯片制造的最后一环。不同于普通零件组装，芯片的封装测试是将晶圆片精准链接导线、固定基板、形成电路，并经过一系列检验测试的精密过程，具有高技术含量。在全球芯片封装测试格局中，排名第一的是中国台湾地区的企业，以日月光、力成科技、京元电子、南茂、颀邦等为代表，占据了近 50% 的市场份额；第二是中国大陆地区的企业，占比超过 20%，以长电科技、通富微电、华天科技为代表的 3 家公司已跻身全球前十；第三是美国的企业，以安靠公司为代表，合计市场份额约为 14.6%。

在我国的集成电路产业链中，封装测试业是少有的能与国际企业全面竞争的领先环节，不仅已完全实现国产化，而且技术水平处于世界第一方阵，不存在"卡脖子"瓶颈。如全球主要封装测试厂最先进的封装技术是扇出型的晶圆片级芯片规模封装（WLCSP）等，而我国的长电科技、华天科技均已掌握相关技术并实现量产。

以上技术经济安全评估表明，我国集成电路产业链自主可控水平最低的是基础软件环节，如 EDA 软件、核 IP 模块尚存较多未国产化的空白领域；自主可控水平中等的是基础硬件和制造，如设备和晶圆代工工艺虽已国产化，但尚未实现先进制程，部分材料领域（如光刻胶、电子特气）尚未实现国产化突破；自主可控水平最高的是设计和封测，不仅实现了国产化突破、技术领先，而且已量产，被市场广泛认可。因此，我国集成电路产业的真正瓶颈是设备、材料、EDA 软件、核 IP 模块等软硬件，前端基础较为薄弱；而如设计—制造—封测等后端环节，我国均不受"卡脖子"制约。提高我国集成电路产业链的自主可控水平，关键在于重塑产业基础。

二、提升我国集成电路产业链自主可控水平的优势条件

（一）国家产业政策的体系化支持

推动集成电路产业发展被明确写入"十四五"规划，并获国家重点研发计划、科技重大专项等大力支持。组织规划、人才培养、资金支持、财税优惠、研发投入等一系列政策支持为产业链补短板提供了有利条件，且起到了很好的撬动引领作用。**一是人才培养提质增效。**在教育部的指导支持下，清华大学、北京大学等顶尖高校已先后新设集成电路学院、设置集成电路专业为一级学科与博士学位授予点、成立国家集成电路产教融合创新平台等，加快集成电路高端研发人才培养。**二是资金融通便利化。**国家设立集成电路产业投资基金，一期、二期已累计投资百余家企业超千亿元。同时，也有效撬动市场资本自发投资量创新高。2020 年，全国半导体股权投资金额超过 1400 亿元，创下我国半导体一级市场投资额的最高纪录。**三是研发投入政策强势发力。**国家强化了研发费用加计扣除政策，对集成电路企业和软件企业符合企业会计准则相关条件的研发支出可进行资本化处理。此外，财政部等四部门对 28 纳米、65 纳米、130 纳米等不同技术集成电路企业的差异化税收减免优惠政策，也激发了先进制程研发的积极性。据欧盟产业研发投入记分牌统计，2020 年中国全社会半导体研发资金投入占比提高至 8.3%，已和韩国的 7.7%、日本的 8.4% 处于同一水平。

（二）各类市场主体补链参与度高

龙头企业、新创企业、产学研创新联合体等多类市场主体强势崛起，成为补短板的坚实力量。**一是龙头企业牵引带动。**我国的集成电路产业链上已有一批企业跻身世界第一梯队，其将发挥对全产业链补链发展的辐射带动作用。如华为海思、长电科技、长江存储已在设计、封测、闪存等领域入围全球市场占有率前十，将发挥产业链补链的龙头引领、梯队协同、技术牵引、统筹协调作用，有助于带领其他企业做大做强。**二是新创企业力量不断崛起。**我国聚焦集成电路领域的关键"卡脖子"技术领域，正加速培育一批专精特新和隐形冠军企业。2020年，我国的寒武纪、汉王电子、地平线、上海兆芯半导体等18家企业凭借强大的竞争力入选全球半导体新创公司百强，上榜数量仅次于美国的企业。这表明，在模拟信号、存储、激光雷达、加速器等集成电路新兴领域，这些具有世界竞争力的新兴企业将成为补短板或换道超车的有生力量。**三是各类新型创新联合体加速形成。**我国正联合上下游、产学研的力量，组建创新联合体，集合最优秀的人才、最优质的资源联合攻关。如华为已设立"塔山计划"，联合上下游企业组建联盟开展技术研发。中芯国际、武汉新芯与清华大学、北京大学、中国科学院成立集成电路先导技术研究院等，聚合产学研顶尖力量协同开展共性技术研发。

（三）世界工艺迭代放缓的宝贵窗口期

我国正迎来国内半导体追赶速度快于世界半导体创新速度的宝贵窗口期，这为我国缩小与世界集成电路技术的差距提供了机遇。一方面，世界半导体技术创新放缓。世界正在进入"后摩尔时代"，如过去集成电路可容纳的晶体管数量每18个月就提升一倍，现在随着芯片工艺从微米级、百纳米级到甚至已突破单位晶体管栅极线宽近1纳米的极限，未来单位线宽进一步收窄的技术创新难度极大，技术更迭正在放缓；再如世界通用CPU性能过去十年每年提高50%，现在每年最多提高5%，已步入瓶颈期。另一方面，国内半导体产业发展势头迅猛。据国家统计局和IC Insight统计，2010—2020年我国的集成电路产量从 653 亿块增长到 2615 亿块，十年间产值年均增速约为 14.6%，比世界半导体年均增速高 5 个百分点。如上海微电子仅用 3 年时间就实现了光刻机精度从 90 纳米到 28 纳米的试产技术突破，中芯国际已在 14 纳米芯片先进制程量产上取得突破，仅用国外 1/2 的时间就走完了技术攻关之路。

（四）全球半导体颠覆性新技术革命出现

碳基芯片、光子芯片等全球半导体产业的新技术方向出现，如果能广泛运用于自动驾驶汽车、智能电网、人工智能等领域，我国或许能跳出现在被"卡脖子"的旧赛道，直接引领新赛道超车，实现自主可控。一方面，目前我国在第三代化合物半导体（如碳化硅、氮化镓、氧化镓等半导体材料）、光量子芯片、华为鸿蒙万物互联操作系统、5G 等前沿领域取得了突破性进展，我国在这些新兴颠覆性领域的技术水平处于世界第一方阵，处于（共同）领导的优势地位。近年来，我国在量子领域的专利数是美国的近 2 倍，而华为海思推出的 5G 商用芯片组——巴龙 5G01 是世界上首个符合 5G 标准的商用芯片组。另一方面，这些颠覆性技术的效率、性能等均比传统大幅提高，极有可能成为半导体产业未来发展的主导方向。若能平衡量产化的经济性且使其在性能上替代甚至超越传统芯片，我国将有机会突破旧赛道中美国的围堵而抢占新赛道的制高点，实现换道超车。

三、提升我国集成电路产业链自主可控水平的挑战

（一）后发者规模不经济，产业基础再造缺乏经济激励

与集成电路设计、制造、封测相比，集成电路的上游软硬件环节细分门类多且单个规模偏小。成本上，研发和资本支出"双高"；而销量上，全球需求规模总量"小众"。因此，这类市场天然带有规模不经济特征，只有占据绝大多数份额的垄断者能实现盈亏平衡、获取利润。如据高德纳等的数据（见表 8-6），2020 年，我国受制于人的光刻机全球市场规模仅为 131.8 亿美元，光刻胶为 18.6 亿美元，电子特气为 46.6 亿美元，核 IP 市场为 46.4 亿美元，整个半

导体材料的市场规模仅为 553 亿美元。而目前全球基础领域已有先发垄断者，如荷兰阿斯麦已垄断全球 80% 以上的光刻机市场、日本已垄断光刻胶 70% 以上的市场、美资背景的 EDA 软件巨头已垄断我国 90% 以上的市场，这意味着后发追赶者将难以回本，导致国内企业在基础领域自研积极性不高。

表 8-6　全球半导体细分领域的市场规模

分类	细分产品类别	2020 年的市场规模	2025 年的市场规模（预测）	2020—2025 年年均增长率（预测）
设备	光刻机	131.8 亿美元	187.5 亿美元	7.30%
	涂胶显影设备	23.9 亿美元	34.3 亿美元	7.50%
	氧化 / 扩散炉	15.8 亿美元	21.1 亿美元	6.00%
	刻蚀设备	123.3 亿美元	172.9 亿美元	7.00%
	离子注入设备	14.1 亿美元	19.2 亿美元	6.40%
	CVD 设备	84.2 亿美元	119.8 亿美元	7.30%
	PVD 设备	30.9 亿美元	43.9 亿美元	7.30%
	CMP 设备	16.3 亿美元	23.0 亿美元	7.10%
	质量测量设备	71.7 亿美元	101.0 亿美元	7.10%
	湿法清洗设备	35 亿美元	48.9 亿美元	6.90%
材料	硅片	130.8 亿美元	185.2 亿美元	7.20%
	电子特气	46.6 亿美元	70.1 亿美元	8.50%
	光掩膜	45.2 亿美元	73.8 亿美元	10.30%
	光刻胶	18.6 亿美元	28.9 亿美元	9.20%
	光刻胶辅助材料	24.9 亿美元	36.8 亿美元	8.10%
	CMP 材料	25.2 亿美元	40.0 亿美元	9.70%
	溅射靶材	11.1 亿美元	20.9 亿美元	13.50%
EDA	EDA 软件	115.5 亿美元	199.9 亿美元	11.60%
核 IP	核 IP 架构	46.4 亿美元	100.4 亿美元	16.70%

资料来源：高德纳、SEMI、ESD Alliance、IPNest，复合增长率按照 2019—2020 年增速趋势外推计算。

（二）要素供给不足且培育周期长，制约产业基础再造能力

提高自给率，面临人才、技术、数据等要素先天条件不足且积累周期较长问题，掣肘自研速度。**一是人才培养周期长。**人才是集成电路产业发展的首要资

源，然而我国集成电路人才严重短缺，缺口高达 40 万人。而培养一名 EDA 软件研发人员，以美国芯片软件业巨头新思科技为例，需历经从高校课题研究到实践从业的约 10 年以上时间。**二是专利技术底子薄，差距大，追赶耗时长。**目前我国集成电路的专利数量与美国有较大的差距。技术壁垒高、复杂度高的半导体技术攻关研究是海量试错、调试、探索的过程，不能急功近利、贪大求快，需要长时间积累。**三是集成电路工艺基础数据要素匮乏，拖慢软件的研发步伐。**工业软件成功研发的前提，是有丰富的工业知识数据作为支撑。然而，过去国内企业多从国外购买软件，没有主动积累芯片代工过程中的关键技术、流程、知识、工艺及海量数据，如今要研发我国自己的芯片软件和核 IP，预计需耗时较长来积累底层数据。

（三）产业生态系统支撑不足，掣肘复杂、高端的软硬件研发

作为应用型产业，集成电路基础供应链攻关面临上游底层产业弱和下游市场应用缺"两头卡"的难题。**一是上游基础工业体系不完善，难以支撑复杂产品的突破。**半导体产业集成度高、成套性强，突破一项"卡脖子"产品技术往往涉及装备、化学、材料、精密仪器等多个基础学科门类跨越式升级，非一时能做到。如单台光刻机的零部件超过 10 万个，阿斯麦生产光刻机的零部件也来自多个发达国家，如镜头来自德国、光源来自美国、轴承来自瑞典、真空装置来自英国。我国若仅凭借一国之力，短期突破上万个精密零部件技术的难度空前。**二是下游客户群匮乏，制约技术迭代与量产。**集成电路技术突破依赖客户驱动，如 EDA 软件等只有在海量客户使用的过程中，才能迭代、更新、优化到先进水平。目前在国外软件已占领国内 90% 以上市场的情况下，资金、时间、使用习惯等替代转换成本高，若国外非完全断供且国内产品并无明显优势，企业的国产化替代意愿就不强。因此，国产半导体软件未被市场化量采，客户群难以迅速积累，也制约了先进工艺迭代。

（四）国际产业竞争复杂、严峻，国外势力阻挠我国产业补链步伐

自研过程或面临因国外威逼利诱而中断的风险。**一是国外的威逼。**美国实施"小院高墙"战略，联合西方盟友在技术、人才、学术交流等方面对华限制。

如禁止中国企业收购美国半导体公司，收紧我国理工科学生赴美留学签证发放，将中芯国际、中微半导体、高云半导体等我国集成电路核心企业列入禁运"实体清单"，颁布全面制华法案《2021年战略竞争法案》等，千方百计阻拦我国芯片技术自研。**二是国外的利诱。**自研过程极易受到国外以授权、合资、降价、技术开放为名，诱导我国放弃自研计划的干扰；其或以高价收购为手段阻止产业形成。譬如，历史上我国的 EDA 熊猫系统曾成功研制初版，然而因国外立即解除对华 EDA 系统的禁售，并凭借成熟度高、性能强、低价等优势迅速占领国内市场，导致国产系统后续放弃自研计划；而待我们的技术团队解散、技术积累失去后，国外又重新对我国实施禁运。再如俄、法、德、日公司在研究CPU 芯片的过程中，当突破关键技术即将拓展市场时，立马被美国以重金并购，然后其技术被永久性封禁。

四、提升我国集成电路产业链自主可控水平的政策建议

（一）加大市场订单支持，克服规模不经济缺陷

订单支撑是破解后发者研发投入规模不经济问题的关键一招，建议在支持自主创新产品应用上加大政策倾斜力度。

一是发挥首台（套）制度的示范引领作用。建立健全首台（套）示范应用基地，针对早期用户和实验性用户提供补贴，为企业创造通过"用中学"不断提升技术能力的机会。同时建立首台（套）装备的风险补偿机制，重点选取相关领域国产化高端装备，对用户因使用国产零部件和工业软件而发生重大损失的，由国家对用户的损失给予一定比例的补偿。

二是加强国货量采的激励政策。强化国产替代政策引导，加快完善国产化产品采购替代的补贴机制，降低转换成本。取消国内已能满足需求的基础零部件（元器件）产品的进口税收优惠。鼓励国有企业制订国产化设备产品和工业软件的采购计划，保证每年采购量不低于一定比例。对使用国产软件的各类企业进行激励，考虑在招标中加分，在项目申报、税收优惠上进行倾斜。

三是建立上中下游企业示范应用联盟。 加强供需对接，突出应用牵引，加快工程化迭代，为重大装备和零部件创新产品提供早期市场和应用场景。依托行业协会、龙头企业、工程公司、设备成套商的引领作用，组建示范应用联盟，鼓励下游企业使用国产化半导体设备、材料和软件等。

（二）加速人才、技术、数据等要素集聚，缩短积累培养周期

加快人力资源、科技创新、数据信息等关键要素整合集聚，破解高端要素积累周期长的难题，筑牢集成电路产业攻关突破的基础。

一是加速人才培养集聚。 一方面鼓励吸引海外集成电路杰出人才和团队回国就业，另一方面也要加快促进本土具有国际水平的集成电路产业战略科技人才、科技领军人才、青年科技人才不断涌现。推动收入分配制度改革向有利于集成电路"卡脖子"技术攻关的方向调整，保障集成电路技术攻关从业人员的合理回报，加快各类人才向集成电路高端基础制造业集聚。

二是缩短技术研发周期。 鼓励由骨干企业牵头，高等院校、科研院所、工业配套企业、集成电路上下游企业等共同建设技术垂直创新联盟，密切产业链上中下游和产学研用各方合作关系，加强创新链和产业链衔接，以企业市场需求为导向，完善共性技术供给机制，合力攻关重大关键问题。同时，加快通用技术、共性技术的扩散应用，完善面向工程化、产业化的中介服务体系，加速成果转化和产业化进程。

三是加快数字要素集聚发力。 加快集成电路企业的数字化改造和产业数字化管理，鼓励集成电路制造业一线企业加强工艺流程记录，主动积累我国工业生产过程中的关键技术、流程、知识、工艺及海量数据。设立国家集成电路数据中心，实时汇集存储产业链各环节的基础数据、应用数据和核心数据，避免因企业变迁或人员流动而导致数据耗散、损毁、流失，为加速国产化底层软件开发积累源头活水。

（三）布局颠覆性技术方向，瞄准前沿换道超车

推动新一代颠覆性技术变革，实施换道超车战略以应对技术追赶差距大、

基础再造工作量大、技术突破难度空前的"卡脖子"难题。

一是加强国家顶层设计。当前，以量子芯片、光电子芯片、石墨烯芯片等为代表的新兴技术正在加速迭代，新技术产业化应用时间大幅缩短。应顺应新一轮科技革命和产业变革，加强国家立项指导，加快部署第三代半导体颠覆性技术研发，利用推进前沿技术创新"跳跃式前进"实现换道超车。

二是强化前沿技术洞察。充分发挥高等院校、科研单位、高端智库、行业协会等的作用，成立第三代半导体专家咨询委员会，建立半导体未来技术路线定期峰会交流机制，就关键设备、关键基础材料、软件系统的发展趋势和需要关注的前沿方向提供咨询意见。鼓励企业培养战略前沿技术搜索团队，鼓励风险投资等金融力量参与。

三是发挥企业主体作用。实践表明，以企业牵头的攻关探索机制更具效率。前沿技术探索充满不确定性，自负盈亏的企业更能在瞬息万变的市场竞争中找准正确的研发和生产方向。应紧紧围绕优势企业配置创新资源，依托重点企业成立技术研发中心，发挥企业在市场竞争中紧密联系市场需求的敏锐性和主动性，准确把握产业技术换道超车的大方向。

（四）统筹自主创新和国际合作，再造产业基础生态

坚持自主创新与国际合作的辩证统一，实施产业基础再造工程，为集成电路强链补链固链提供底层生态支撑。

一是坚持自主创新战略。无论国外是在技术、人才、学术交流等方面对华极限施压"威逼"，还是以授权合资、降价销售、技术开放等方式"利诱"，我们都应始终坚定走国内自主创新研发之路。把关键产业链国产化上升为国家战略，不因时局更替而改变。从国家战略高度重视半导体设备、材料、软件等国产化研发工作，提高其在战略性新兴产业政策扶持中的优先级。

二是深化产业链国际合作。科学有效的借力借势、取长补短，有利于加快国产化吸收—消化—再创新进程。鼓励国内装备及零部件企业通过参与国际并购、参股国外先进的研发制造企业等方式，整合优质的研发、创新、技术、品

牌等资源，快速提升我国的重大装备关键技术、工艺和标准。加强与俄罗斯、东欧、日、韩等国家和地区的创新合作，深化与东南亚、中亚、中东、非洲等需求潜在地区的市场合作。

三是实施产业强基工程。集成电路产业基础软硬件重塑是一场持久战，且有赖核心零部件、材料、工艺等生态基础培育。因此，要以"十年磨一剑"的极大耐心重塑产业生态基础，坚定不移地支持从主干或源头开始的基础性创新，加快突破一批国内重大基础装备，促进关键基础材料品质化升级，加快高端工业软件尖端突破，构建完备的零部件供应体系，为半导体产业培根固元铸魂。

第九章

国家质量基础设施建设的现状、问题与对策研究

计量、标准化、合格评定、认可、市场监管等国家质量基础设施被誉为"解决全球质量问题的终极答案"，在一国经济社会发展的过程中起到基石的作用。推进国家质量基础设施建设不仅有利于提高我国产品供给质量和生产效率，推动经济高质量发展；也有利于更好地满足人民群众的美好生活需要，畅通国内消费大循环；还有利于瓦解国际贸易中的技术性贸易壁垒，增强我国产业的国际竞争力和规则主导权。总体来看，我国国家质量基础设施建设虽已取得诸多成就，但质量基础设施的技术能力与发达国家的差距依然明显，服务业、新兴产业领域的质量基础设施存在短板，企业的质量管理能力亟待提升，优质的质量管理服务供给不足。展望未来，应当进一步完善国家质量基础设施建设的顶层设计和配套法律政策，加快提升国家质量基础设施的国际影响力和主导权，在计量策略和检验检测领域着力突破一批关键共性质量技术，全面提高我国企业的质量管理水平，推动我国向质量强国加速迈进。

一、国家质量基础设施概念的提出与内涵

（一）国家质量基础设施概念的提出

国家质量基础设施（NQI）是计量、标准化、合格评定、认可、市场监管等与质量密切相关的要素的统称。这一概念最早源于德国联邦物理技术研究院（PTB）。PTB是全球闻名的计量和测试科研机构，隶属于德国联邦经济劳

工部，负责德国法定计量单位的复现、保存以及法制计量等工作。2000 年，PTB 首次提出"质量基础设施"的概念，将其界定为"计量、标准化、测试、认证、认可和质量管理等各个要素，以及这些要素运转所需的公共和私人机构及其监管框架"。2005 年，联合国贸易和发展会议（UNCTAD）与世界贸易组织（WTO）联合成立的国际贸易中心（ITC）在马来西亚召开了一次重要会议，讨论发展中国家和转型经济体的出口厂商应该如何达到发达国家的严格技术要求，会议形成了题为《出口战略的创新：一种解决质量保证挑战的战略方法》的出版物，其中正式提出了"国家质量基础设施"的概念。

近年来，"国家质量基础设施"已经逐渐成为包含质量相关的一揽子要素的国际通行术语。WTO、联合国工业发展组织（UNIDO）、ISO、世界银行（WBG）等国际组织先后对国家质量基础设施进行深入研究，并发布了一系列专题报告。例如，UNIDO 和 ISO 于 2006 年总结了质量领域 100 多年的实践经验，并提出国家质量基础设施中的计量、标准化、合格评定已经成为"未来世界可持续发展的三大支柱"；2014 年 UNIDO 发布工作文件《利用营商环境改革的影响：质量基础设施的贡献》，介绍了营商环境与国家质量基础设施的关系，以及国际范围内质量基础设施的良好实践；2017 年，UNIDO、WTO、ISO 等 12 个国际组织在瑞士日内瓦成立国际质量基础设施网络（INetQI）[①]并召开会议，进一步拓展了质量基础设施的基本概念，将质量基础设施视作"实现联合国可持续发展目标的关键因素，保护地球、保障全民有尊严地生活、实现包容性经济增长和繁荣的必要基础"；UNIDO 先后于 2018 年、2019 年发布了《国家质量政策指南》《重启质量基础设施，促进可持续性的未来》两份报告，用于指导和支持各国制定质量政策，推进各国国家质量基础设施建设。

（二）国家质量基础设施概念的内涵

随着国际组织和国内外学者对国家质量基础设施研究的深入，国家质量基

[①] 国际质量基础设施网络（INetQI）的12个创始成员分别是：国际计量局、国际认可论坛、国际电工委员会、国际实验室认可合作组织、国际标准化组织、国际贸易中心、国际电信联盟、国际法制计量组织、联合国欧洲经济委员会、联合国工业发展组织、世界银行和世界贸易组织。

础设施的概念也在不断丰富。从概念界定的角度来看，关于国家质量基础设施内涵的阐述一般有两类。

一类阐述相对泛化和笼统。例如，国际可再生能源局提出，国家质量基础设施是用于控制、管理、编辑和执行标准以及向社会提供标准的证明的所有制度网络和法律架构，可以向市场提供品质保证。PTB 认为，国家质量基础设施是一整套用以保障产品和流程遵循预定规范的体系。

另一类阐述则明确界定了国家质量基础设施的要素（即组成部分）。例如，UNIDO 和 WBG 将国家质量基础设施界定为建立和执行标准化实践的制度框架，包含合格评定、计量和认可 3 个要素。国家制造强国建设战略咨询委员会和中国工程院战略咨询中心联合编撰出版的《工业强基》一书中提出：国家质量基础设施是以质量提升为目标的技术支撑体系，主要包括标准化、计量、认证认可和检验检测等要素。我国原国家质检总局科技司认为，国家质量基础设施是一个国家建立和执行标准化、计量、认证认可、检验检测等所需的质量体制框架，以保障市场上的产品、服务满足制造商、监管者的技术要求和顾客的实际需求，包含标准化、计量、合格评定（认证认可＋检验检测）3 个要素，其中标准化是计量的价值体现和合格评定的依据，计量是标准化和合格评定的基准，合格评定是推动标准化实施、提升计量溯源水平的重要手段。

2017 年 6 月，INetQI 审核通过了关于质量基础设施的最新概念：**质量基础设施是一个由（公共或私营）组织、政策、相关法律与监管框架，以及支持并巩固产品、服务和流程的质量、安全和环境可靠性所需的实践活动组成的系统，它涵盖计量（metrology）、标准化（standardization）、认可（accreditation）、合格评定（conformity assessment）和市场监管（market surveillance）5 项活动。** 这一阐述突破了国家质量基础设施的传统定义，首次把政府部门承担的"市场监管"职能作为主要组成要素纳入了国家质量基础设施的内涵。目前，包含计量、标准化、认可、合格评定和市场监管在内的"五要素"定义受到国际社会的广泛认可。

UNIDO 在报告《重启质量基础设施，促进可持续性的未来》中对计量、标准化、认可、合格评定和市场监管的内涵进行了论述：

● 计量为科学研究、技术开发和生产提供了可靠的计量依据；

● 标准化包含产品或产品组件的技术规范，用于确保质量基础设施的可用性、质量、安全、性能；

● 认可是指对合格评定机构的权威性进行认证和评估的过程；

● 合格评定包含检验检测、认证等，是指用于确定产品或服务、过程、管理系统或人员满足规定要求的过程和程序；

● 市场监管是指由政府负责的市场监督部门核实市场中的产品或服务是否符合相关规定的过程。

在计量、标准化、认可、合格评定和市场监管"五要素"概念的基础上，UNIDO 结合政府、机构、市场、消费者等各类主体的作用，进一步形成了质量基础设施的体系框架。其中，政府治理是质量基础设施体系的根本组成部分，其主要职能是制定质量政策和建立监管框架；负责计量、标准化和认可的机构共同构成了质量基础设施机构；合格评定和校准服务等构成了质量基础设施服务；企业与消费者则是质量基础设施的服务对象。

二、我国推进国家质量基础设施建设的重要意义

（一）从供给侧来看，有利于提高产品供给质量和生产效率，推动经济高质量发展

当前我国已进入高质量发展阶段，必须坚持质量第一、效益优先，以供给侧结构性改革为主线，推动经济发展质量变革、效率变革、动力变革。国家质量基础设施为质量变革和效率变革提供了坚实的技术支撑：一方面，高精度的检验检测设备、计量手段和权威统一的质量标准能够确保产品质量的合格性，倒逼企业提供符合质量要求的产品和服务；另一方面，计量手段精度的提高和质量标准体系的完善有利于减小企业内的生产加工误差和企业间的生产协作误

差，从而降低产业链上下游的质量信息不对称程度，提高产业链的运行效率。

（二）从需求侧来看，有利于更好地满足人民群众的美好生活需要，畅通国内消费大循环

质量安全是消费的基本需求，产品和服务的供给质量直接关系人民群众的切身利益与消费体验。在当前世界经济低迷、海外市场萎缩的外部环境下，产品和服务的质量更决定了市场需求的潜力和人民群众的消费意愿，对畅通国内消费大循环、繁荣国内消费市场至关重要。一方面，国家质量基础设施通过权威的合格判定程序和完备成熟的市场监管体系，能够严格把控市场中产品与服务的质量标准，确保质量底线，保障人民群众的消费安全；另一方面，认证认可、检验检测等质量基础设施能够向消费者传递与产品和服务直接相关的质量信息，最大限度地降低供需两端的质量信息不对称程度，为产品质量和产品效益建立高度相关的联系，使"优胜劣汰"的市场机制充分发挥作用，不断规范竞争秩序、优化消费环境、繁荣消费市场。

（三）从国际来看，有利于瓦解技术性贸易壁垒，增强产业国际竞争力和规则主导权

在 WTO 规则框架下，大量国际质量标准体系的主要制定者为发达国家，标准化、技术法规、合格判定程序等技术性贸易措施长期以来一直是发达国家实施非关税贸易手段、保护本国产业利益的重要工具。由于在产品核心技术和质量基础设施建设方面的巨大优势，发达国家占据了推进技术性贸易措施的主导权，发展中国家的企业一般作为国际质量标准体系的被动接受者，受制于发达国家的技术标准和合格判定程序。据 WTO 统计，每年各成员通报的技术性贸易措施达 3000 多项。2006 年以后，欧盟发布了史上最严厉的 ROHS 和 REACH 指令，直接或间接影响我国 20 多万种产品，涉及出口金额超过 5000 多亿美元。通过构建国家质量基础设施，推动我国国家质量基础设施向国际前沿迈进，既可以降低我国企业认证认可、检验检测的合规成本，突破发达国家构筑的"质量围墙"，推动我国的企业、产品、服务、技术和标准走出国门；也可以依托我

国有技术优势和品质优势的产品，形成世界领先和区域互认的质量标准和合格认证规则，增强我国对国际贸易规则和市场进入规则的主导权。

三、我国质量基础设施的建设历程、发展现状和存在的问题

（一）我国质量基础设施的建设历程

"质量"长期以来一直贯穿我国经济社会建设的全过程。从 1978 年起，我国每年 9 月都组织开展为期一个月的"质量月"活动，以期提高全民质量意识和质量水平。1996 年 12 月，国务院颁布了《质量振兴纲要（1996 年—2010年）》，尤其提出建立健全商品市场的质量规范、全国的质量认证制度、工程项目质量管理制度和产品标识制度，建立和完善计量检测体系，建立全面、科学的质量管理制度等。全国质量奖（前身为"全国质量管理奖"，2006 年更名）、中国标准创新贡献奖等质量领域的国家级奖项先后设立。2014 年 9 月 15 日，时任国务院总理李克强在首届中国质量（北京）大会上发表重要讲话指出，计量、标准化、认证认可、检验检测是国际公认的国家质量基础设施，政府要更加注重质量基础设施建设。同年，原国家质检总局科技司在国内首创性地提出了 NQI 专项计划，并申报重点专项，成立了跨部门的工作组，包括工业和信息化部、原国家卫计委、原农业部等，共同参与工作。国务院启动对省级政府质量工作的考核，2015 年 6 月，国务院正式同意建立国务院标准化协调推进部际联席会议制度，标准化作为国家质量基础设施的关键要素，成为我国以顶层设计的方式统筹推进的重要工作。

"十三五"以来，"质量"一词频频出现在党和国家的重要会议和文件中，"质量强国"相继写入全国代表大会报告、政府工作报告、"十三五"规划纲要和党的十九大报告中，国家质量基础设施建设迈入快车道。2016 年中央经济工作会议突出强调推进供给侧结构性改革、提高供给质量的问题。国务院办公厅、工业和信息化部、市场监管总局等部门先后出台了《国家标准化体系建设发展规划（2016—2020 年）》《强制性标准整合精简工作方案》《装备制造业

标准化和质量提升规划》《消费品标准和质量提升规划（2016—2020年）》《关于建立统一的绿色产品标准、认证、标识体系的意见》《关于调整工业产品生产许可证管理目录和试行简化审批程序的决定》《原材料工业质量提升三年行动方案（2018—2020年）》等重要文件。2017年9月，原中央全面深化改革领导小组审议通过《关于完善进出口商品质量安全风险预警和快速反应监管体系 切实保护消费者权益的意见》，并以国务院文件正式发布。

2017年9月5日，《中共中央 国务院关于开展质量提升行动的指导意见》正式出台，把"国家质量基础设施效能充分释放"作为主要目标，提出到2020年，要实现"计量、标准化、检验检测、认证认可等国家质量基础设施系统完整、高效运行，技术水平和服务能力进一步增强，国际竞争力明显提升，对科技进步、产业升级、社会治理、对外交往的支撑更加有力"，并明确了加快国家质量基础设施体系建设、深化国家质量基础设施融合发展、提升公共技术服务能力、健全完善技术性贸易措施体系等重要工作任务。这份文件首次从国家战略和国家行动的高度，提出了建设国家质量基础设施的战略举措，为2017—2020年国家质量基础设施建设指明了工作重点和目标方向。2018年12月，市场监管总局和国家发展改革委印发《服务业质量提升专项行动方案》，将国家质量基础设施建设从工业领域拓展至服务业领域，提出开展服务质量监测、加强服务质量监管、推动服务标准提高、加大服务认证力度等工作任务。

（二）发展现状

1. 国家质量基础设施体系框架渐趋成熟完善

我国基本形成了包含法规体系、管理体系和技术体系在内的完整的国家质量基础设施体系框架（见图9-1）。我国的质量法规体系既包括《中华人民共和国计量法》《中华人民共和国标准化法》《强制性国家标准管理办法》《地方标准管理办法》《中华人民共和国认证认可条例》《中华人民共和国产品质量法》等共性法律法规，也包括《国家新一代人工智能标准体系建设指南》《国家电子政务标准体系建设指南》《乳品质量安全监督管理条例》《服务业质量

提升专项行动方案》《原材料工业质量提升三年行动方案（2018—2020 年）》
等面向专门行业领域的规划和法规条例。我国的质量管理体系主要包括承载市
场监督管理和质量管理职能的制度载体，以国家市场监督管理总局为总领，
依托全国质量工作部际联席会议制度，发挥国家标准化管理委员会、国家认证
认可监督管理委员会等的工作职能，涵盖质量发展局、计量司、标准技术管理
司、认证监督管理司、认可与检验检测监督管理司、中国物品编码中心等职能
机构，中国计量科学研究院、中国标准化研究院、中国合格评定国家认可委员
会、中国计量测试学会、中国检验检测学会、中国质量检验协会、中国认证认
可协会等质量相关科研机构，以及垂直行业领域管理部门、地方政府部门和市
场监督管理部门。我国的质量技术体系与国际上关于质量基础设施的内涵相对
应，主要包括计量体系、标准体系、检验检测体系、认证认可体系，以及相关
的各类技术机构、行业组织和科研机构。

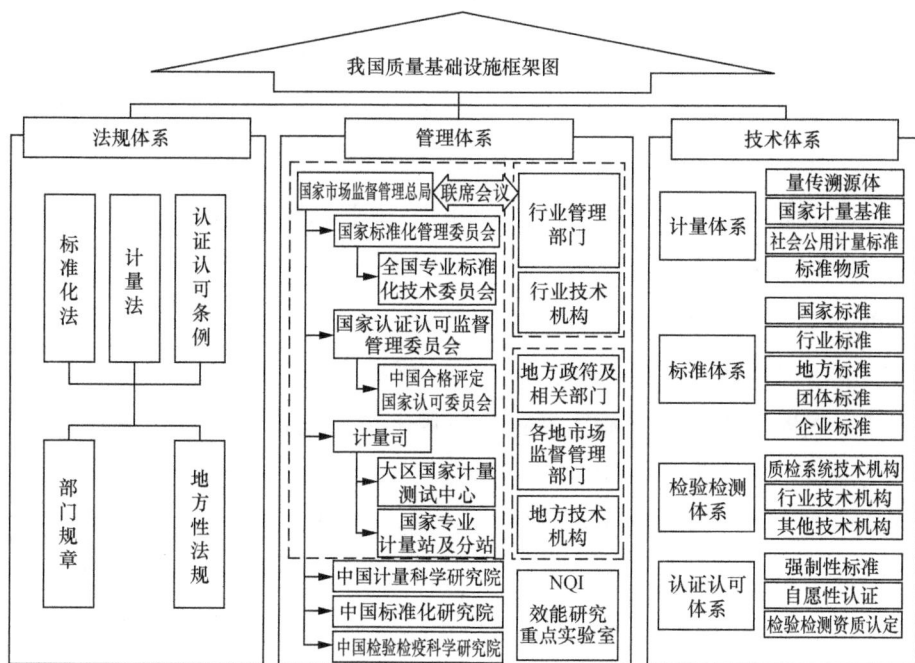

图 9-1 我国的国家质量基础设施体系框架

资料来源：国家市场监督管理总局质量发展局。

2．国家质量基础设施的技术基础建设取得重大成就

我国国家质量基础设施的技术基础建设主要集中在计量、标准化、认证认可和检验检测等领域。**计量方面，**我国已建成 185 项国家计量基准，涵盖几何量、热工、力学、电磁、无线电、时频、光学、声学、电离辐射、化学等多个专业领域，国家标准物质达到 1.1 万多种，1576 项国家校准和测量能力（CMC）得到国际承认，数量居亚洲第一、世界第三；建立了 2949 个依法设置的计量技术机构、2081 个依法授权的计量检定机构和一大批部门行业计量技术机构；广泛主导和参与计量国际合作，发布实施《"一带一路"计量合作愿景与行动》，并与 20 多个国家和地区签署 65 份计量合作协议。**标准化方面，**我国的标准数量已突破 3 万项，基本实现了农业、工业、服务业及社会事业各领域的全覆盖，在家电、丝绸、中医药等传统优势领域以及高铁、网络通信、特高压交流输电等高技术领域已处于世界领先地位；在养老家政、物流快递、社会保险等服务业领域不断填补标准空白，发布实施了 400 多项标准；全国标准化的专业技术委员会、分技术委员会达到 1321 个，专家有近 5 万名；从 2002 年至今，由我国承担的 ISO/IEC 技术机构的主席数量从 3 个增加到 69 个，秘书处从 6 个增长到 89 个，由我国提出并主导制定的国际标准从 18 项增长到 583 项，在国际标准机构注册的中国专家近 5000 名。**认证认可和检验检测方面，**截至 2022 年年底，我国的认证机构和检验检测机构数量突破 5.4 万家，服务产值超过 4000 亿元，共颁发产品、管理体系、服务等各类认证证书 336.6 万张，涉及 93.9 万家企业和组织，为营造安全、放心、优质的消费环境提供了切实保障。

3．国家质量基础设施对产业高质量发展的支撑作用显著增强

标准化、认证认可、检验检测等国家质量基础设施在我国产业高质量发展进程中发挥了不可替代的重要作用。**一是通过规范产品质量标准塑造品牌形象，提高产业集群的质量效益水平。**例如，浙江省从 2014 年启动了以"品字标"为形象标识的区域品牌建设，通过"品字标"认证推动温州皮鞋、台州泵阀、湖州木地板等产业提升质量效益水平。**二是以国家质量基础设施"走出去"引领产品和服务"走出去"，推动我国产业和企业高水平对外开放。**近年来，我国积极推动国家质量基础设施"走出去"，全面实施《标准联通共建"一带一路"行动计划（2018—2020 年）》，极大地推动"中国制造"进入共建"一带一路"国家和地区市场，例如上海开展制定国际标准、产品技术标准互认等国际化合作，成功推动超级电容器标准被白俄罗斯、以色列、奥地利、意大利采用；由我国企业承担的哈萨克斯坦首都阿斯塔纳轻轨项目全部采用了中国标准，是中亚地区首个全部采用中国标准的轨道交通项目。**三是通过前瞻性建设国家质量基础设施，引领新兴产业发展壮大。**工业和信息化部、国家标准化管理委员会等部门近年来相继发布实施了《大数据标准化白皮书（2018 版）》《工业互联网综合标准化体系建设指南》《国家车联网产业标准体系建设指南（车辆智能管理）》《国家新一代人工智能标准体系建设指南》等政策文件，充分发挥标准在新兴产业领域的引领和规范作用，促进新兴产业健康可持续发展。

（三）存在的问题

1. 质量基础设施技术能力与发达国家差距明显

以德国、美国为代表的西方发达国家秉持"标准先行"的理念，依托标准等质量基础设施的前瞻性建设引导行业高水平发展。而我国的质量基础设施建设则属于"后补性"模式，即当产品或行业在技术成熟后才进行相关标准制定。这导致我国的国家质量基础设施建设进程滞后于发达国家，质量基础设施的技术能力与我国的世界第二大经济体和第一大贸易国的地位不完全相称。在计量方面，我国的先进测量技术和计量手段发展不足，导致国家计量体系的量值传递能力较弱，超精密级测量能力尚未形成，高端测量控制技术和仪器仪表的研究制造与国际先进水平存在很大差距，一些核心尖端测量技术受制于人。在标准研究、制定和推行方面，我国在人工智能、先进制造、新能源、新材料、量子技术等新兴产业领域对国际标准的贡献较少，提交给 ISO、IEC 并正式发布的国际标准占比仅为 1.58%，标准制定周期长、标准内容不规范不统一、标准化工作滞后于经济发展需求的问题还不同程度地存在。在认证认可方面，虽然认证认可产业的规模持续扩大，但我国的认证机构主要服务于国内市场，具备较强创新能力和品牌实力的国际知名认证机构较少，总体上依然遵循发达国家制定的标准和规则。

2．质量基础设施建设存在"重工业、轻服务业"的结构性失衡

目前，我国服务业在国民经济中占据半壁江山，但服务业领域的质量基础设施建设远远落后于工业，总体上处于起步阶段。根据国家市场监督管理总局的统计，我国国家标准中工业标准占比较高，普遍在 70% 以上，而服务业和社会事业的占比仅为 15% 左右。截至 2022 年底，我国共颁发产品、管理体系、服务等各类认证证书 336.6 万张，其中，服务认证证书仅 6.0 万张。以养老服务业为例，美、日等发达国家早在 20 世纪就已出台了养老服务业相关的技术标准、产品标准及养老服务评价标准，并依据服务评价标准对养老机构进行评级认证；而我国一线城市上海 2019 年才发放了首张该产业的"上海品牌"服务认证证书。

3．制造企业的质量管理能力和服务供给依然不足

质量是制造企业的立身之本，但我国制造企业的质量管理水平还远远达不到高质量发展的要求。中国质量协会"第三次制造业企业质量管理现状调查"结果显示：被调查企业的总质量损失率（总质量损失占主营业务收入的比率）均值为 1.83%，远超日本（0.76%）等发达国家；60% 的被调查企业建立了高于国家标准的内控标准，但只有 12% 的企业认为执行的标准达到国际先进标准水平，仅有 6.1% 的被调查企业认为本企业主导产品的技术水平达到国际先进水平；近一半的小型企业完全依靠手工方式进行质量数据采集，用于产品检验检测的关键仪器设备与分析控制系统联网的比例仅为 41.8%。国际上常以出口单价衡量出口商品的质量，我国平均出口单价为 12.76 美元 / 千克，远低于德国（53.58 美元 / 千克）、日本（29.72 美元 / 千克）、美国（18.72 美元 / 千克）等发达国家水平。

与制造企业质量管理基础薄弱相对应的另一个问题是产业计量测试、标准化服务、检验检测、认证服务等优质服务供给严重不足，发展不规范不集聚问题明显。以检验检测服务业为例，虽然产业规模近年来保持两位数左右的快速

增长，但"小散弱"的面貌还没有发生根本性改变，74.44%的机构仅在本省或本市提供检验检测服务，检验检测服务的数量和质量均无法满足制造业特别是制造业中小企业的需求。

4．质量基础设施的制度规则和管理方式有待完善

我国质量基础设施领域的法律法规和管理办法仍有较大的改进、完善空间，还不能完全适应经济社会发展的新趋势、新情况、新需求。

主要是《中华人民共和国产品质量法》《中华人民共和国计量法》《中华人民共和国标准化法》等法律法规制定于 20 世纪八九十年代，虽然几经修改更新，但与国际惯例仍有一些不兼容、不衔接之处。例如，我国将所有标准化问题套用在一个统一的标准化综合体（即一揽子统一的标准导则体系）中，缺乏需求分析，导致许多行业、企业、机关面临的实际标准化问题难以得到针对性、异质性的解决方案；而国际上发达国家使用以 ISO 9000 系列标准为理论基础的标准化方法，围绕 ISO 9000 系列标准实施"策划（Plan）—实施（Do）—检查（Check）—改进（Act）"的 PDCA 质量环流程，能够确保标准化工作及时匹配和适应现实经济活动的需求。再如，《中华人民共和国计量法》侧重于对计量器具的管理，但缺少对消费者普遍关心的测量结果的规范，因而在实践过程中引发了诸多计量纠纷。

四、"十四五"时期推进国家质量基础设施建设的政策建议

（一）规划先行，完善顶层设计和配套法律政策

国家质量基础设施建设是一项系统性、前瞻性、全局性、战略性的工程，涉及计量、标准化、认证认可、检验检测、市场监管等方方面面，需要政府部门、企业和各类研究机构的共同参与，因此客观上要求国家顶层设计的总体谋划和配套法律政策紧密衔接配合。"十三五"期间，我国相继修订完善了《中华人民共和国标准化法》《中华人民共和国计量法》《中华人民共和国产品质量法》，出台了多项意见和办法，但总体上法律法规多、统筹规划少，规划先

行、战略引领的工作有待加强。展望"十四五"，应当以国家市场监督管理总局的成立和职能工作、体制机制的优化为契机，围绕国家质量基础设施建设的顶层设计，实施自上而下的统筹规划，彻底解决国家质量基础设施建设布局乱、分布散、重复多等问题。

一是积极推进将国家质量基础设施建设纳入国家及地方的"十四五"规划，将国家质量基础设施建设作为"十四五"时期推进经济社会高质量发展的关键抓手和工作任务，构建稳定的财政投入机制。

二是尽快出台国家层面的指导意见，着手研究制定国家质量基础设施建设"十四五"规划，围绕计量、标准化、合格评定（认证、检验检测等）、认可和市场监管等主要领域，明确国家质量基础设施建设的总体思路、主要目标、重大任务措施和组织保障等，在此基础上完善细分领域的专项规划、意见办法和法律法规，依托机构改革后的各级市场监督管理职能体系和全国质量工作部际联席会议制度，进一步优化部门协作工作推进机制，稳步推进和保障国家质量基础设施建设。

（二）开放引领，增强国家质量基础设施的国际影响力和主导权

当前国际公认的国家质量基础设施体系和质量管理理念是由工业革命推动形成的人类文明产物，例如：第一次工业革命推动原始手工作坊生产方式向机械化、规模化生产方式转变，客观上推动了专业化分工和生产流程优化，由此出现了工人劳动工具标准化、原材料标准化、工人动作标准化等理念；第二次工业革命期间出现的"泰勒制""福特制"生产模式都强调零部件和产品设计统一化、模块化、标准化的重要性。经历了完整工业革命历程的西方发达国家不仅是传统工业领域质量基础设施的引领者，还是当前国际质量体系规则的主要制定者和主导者。我国的质量基础设施在完整性、成熟性、通用性、科学性等方面与发达国家存在差距是客观事实，因此，必须用开放、包容的思维推进国家质量基础设施建设，加快增强我国国家质量基础设施的国际影响力和主导权。

一是在国际上已经成熟完善的质量基础设施领域，推动国际标准和规则转化为国家标准和规则，立足我国经济社会发展的现实需求，学习、引进和采用

发达国家、主要国际组织在计量测量、标准化、认证认可、检验检测等领域的先进技术和成熟体系，提高我国质量基础设施体系与国际通行规则的兼容性。

二是在 5G、人工智能、大数据等新兴产业领域和中医、中药等我国特色传统领域，推动国家标准和规则成为国际标准和规则，积极主导制定和推行相关领域的国际标准，开展中国标准的外文翻译、援外培训等工作。

三是深度参与国家质量基础设施的国际治理和合作共建，重点推进与"一带一路"合作伙伴共建共享质量基础设施，积极主导、参与技术性贸易措施相关国际规则和标准的制定，稳步推进认证认可的国际互认，更加积极主动地提出有关国际标准组织新技术领域和国际标准新提案的工作建议，发起成立更多的技术委员会，支持我国质量基础设施领域的政府官员和学者在国际标准化组织（ISO）、国际电工委员会（IEC）、国际电信联盟（ITU）等国际组织任职。

四是提升对技术性贸易措施的应用和应对能力，更好地运用我国主导制定的国际标准和国际合格判定体系，推动我国产品、服务、技术、标准"走出去"，突破国外技术性贸易措施的限制，同时加强对国外重大技术性贸易措施的跟踪研判和预警应对，降低我国企业进入海外市场的合规成本和风险。

（三）创新突破，加快研究计量测量和检验检测领域应用关键共性的质量技术

在新一轮科技革命和产业变革的作用下，质量基础设施特别是计量测量和检验检测的技术基础正在面临重大变革。例如，千克、安培、开尔文等 7 个基本国际计量单位从 2019 年 5 月 20 日起全部从实物原器改为常数定义，其直接驱动原因是芯片级量子测量技术使得计量基准可以完美复现，测量精度实现了大幅飞跃；超声无损检测、激光检测等各类检验检测技术的发展是许多行业领域质量标准趋严的重要原因。此外，新一代信息技术与质量基础设施的融合，进一步拓展了质量基础设施的服务模式和应用场景，由此产生了云计量、数字标准、数字认证、"互联网 +"检验检测等新型质量基础设施，机器人、无人机、可穿戴设备等智能终端在医疗卫生、安全生产、产品质量检查等领域广泛

应用，大大提升了检验检测的效率。应当围绕重大技术变革，大力支持研发关键共性的质量技术，不断拓展前沿技术在不同场景中的应用。以新的国际计量单位制为基础，加快推进量子物理、飞秒激光、太赫兹等前沿计量研究领域的基础研究，着力突破一批不同行业领域的高精度工程测量仪器、科学实验仪器和检验检测仪器，完善与提升量子化和扁平化量值传递能力与水平。

（四）夯实载体，全面提高我国企业的质量管理水平

企业是国家质量基础设施建设的重要载体。国家质量基础设施对经济高质量发展的作用，最终体现为企业质量管理水平及其产品、服务质量的提高。反过来，质量管理水平较高的企业可以向全社会提供高品质、规范化的质量标准和认证标准。推进国家质量基础设施建设，必须着力提高我国企业的质量管理水平。

一是提高企业自身的质量管理能力。积极向企业宣传质量管理理念，设立企业质量提升扶持基金，支持企业培育和引进质量管理人才，推广应用最新的质量管理体系标准。鼓励产业链中质量管理水平较高的企业作为"质量标杆"企业，依托与上下游中小企业的协作关系，推广质量管理办法，规范产品标准，促进产业链整体的质量管理水平协同提升。支持行业领军企业联合各类行业组织、产业联盟共同制定和推行先进质量标准，将企业标准逐渐转化为团体标准、国家标准。积极推动服务企业参与质量基础设施建设，加快在商贸、旅游、养老、教育、体育、家政等传统服务领域形成一批可复制、可推广的行业标准，鼓励电子商务、供应链管理、商务服务、信息技术服务等新兴服务领域的企业率先开展行业标准研究和示范推广。

二是做强做大第三方质量管理服务企业。在计量测试、检验检测、认证、标准化咨询等领域，大力培育壮大一批专业化水平高、技术实力强、具有行业影响力及国际影响力的龙头服务企业和品牌，支持社会力量投资、开展第三方质量管理服务，完善第三方质量管理服务企业的合格评定体系。加强检验检测认证机构的资质管理，鼓励国际知名的检验检测认证机构进入我国市场，加快检验检测认证机构转企改制，充分发挥市场化机制运作的作用。

第十章

我国基础研究的发展现状、问题与对策研究

基础研究是技术创新的先决条件与内在驱动力，是对国家未来经济发展的一项投资。长期以来，我国对基础研究的投入与资助主要采用项目驱动模式，缺乏基于产业需求驱动的稳定支持。由于认为基础研究的成果具有公共物品或准公共物品属性，企业无法获取基础研究的全部收益，出于规避风险以及追求短期利益的考虑，大多数企业对基础研究的积极性并不高。这使得政府为提升产业创新能力投入了大量资金，但由于企业对基础研究的重视程度不够，上述投入缺少产业需求的互动，从而无法为产业自主创新提供有效支撑。长此以往，政府与企业在研发方面的角色产生了错位：政府为了鼓励企业参与重大项目研发而增加科技投入，然而企业却缺乏基础研究的基础与动力。这也造成了我国基础研究的尴尬现状：研究开发经费快速增长，然而产业创新能力却没有跟上。对于转型升级已经"船到中流"的中国而言，如何协调产业创新链各主体之间的关系，如何制定出一套合理的增强技术创新动力的政策体系，已经成为推动经济发展和产业转型升级的关键所在。

一、基础研究的概念和战略意义

现代意义上的"基础研究"最早由万尼瓦尔·布什（1945）提出，他认为，基础研究是在没有明确应用背景的前提下，由好奇心驱动进行的科学研究。该说法一经提出，便迅速获得广泛的关注，基础研究如今已经被认为是 20 世纪科技发展的动力源泉。目前，国内较为权威的说法是《国家中长期科学和技术发展规划纲要（2006—2020年）》中的定义："基础研究以深刻认识自然现象、揭示自然规律，获取新知识、新原理、新方法和培养高素质创新人才等为基本使命，是高新技术发展的重要源泉，是培育创新人才的摇篮，是建设先进文化的基础，是未来科学和技术发展的内在动力。"

基础研究对经济发展具有无法替代的作用，它不仅探究未知原理，为科技创新提供显性信息来源，还为产业发展提供全新领域的技术机会，是产业创新的重要驱动力。高端核心技术的背后，是长期对基础研究的积累和大量成本的投入。作为一项对未来的投资，此前基础研究在我国却没有得到足够的重视。长时间以来，我国更多地将资源倾斜于试验发展和应用型研究，基础研究的经费投入较少，使用机制没有得到转变，导致产业创新能力不足，技术更新效率低下。正确认识基础研究在产业核心技术创新与提高中的重要性，才能把握科学体系的发展源头，找到技术创新的总开关。

（一）基础研究是科学体系的源头

习近平在中国科学院第十九次院士大会上做出"基础研究是整个科学体系的源头"的重要论述。从科技发展的国际形势来看，新一轮科技革命正在兴起，科学领域正在发生一场重要的变革，学科之间交叉融合碰撞出新，创新驱动已经在全球范围内达成共识。

作为科技创新之源，基础研究关系着我国创新能力和科技竞争力的提升。科技领域的变革很大程度上是建立在基础研究领域发生里程碑式突破的前提之上的。能够把握住科技革命机遇的国家，其综合国力也会得到明显的提升。纵观历史，以蒸汽机的发明作为标志的第一次技术革命象征着力学的起步，英国借此机遇成为工业强国；以内燃机的发明为标志的第二次技术革命背后是电磁波理论的快速发展，美国和德国借此机遇成为新的工业强国；第三次技术革命的背后则是信息技术、生物医药技术等理论的成熟，众多西方发达国家借机持续发展。当前，新一轮科技发展浪潮就在眼前，推进基础研究高质量发展，是我国迈向科技强国的重要机遇。

（二）基础研究是产业核心技术突破的先决条件

随着我国经济的高速发展与综合国力的快速崛起，中国经济进入转型的发展关键时期，开始从资源消耗型向创新驱动型转变。作为产业创新的源头和技术突破的先决条件，基础研究变得越发重要。面对国家和市场的需求，各个研究主体，尤其是每一家企业都有着自身应当肩负的责任。

一方面，基础研究具有长期性和不可预测性，无法用短期模型进行回归，这也是其没有得到应有重视的原因之一。然而，基础研究是通往未来产业发展的必经之路。只有进行大量基础研究的理论与原理积累，才能迎来产业核心技术的重大突破。另一方面，一个国家如果没有扎实的基础研究作为知识储备，一味依靠引进外来先进技术而无法真正消化，则会陷入"引进—落后—再引进"的怪圈，其在国际竞争中将会处于被动的局面。对于一个国家而言，如果不能建设好基础研究的投入和使用机制，一味靠引进先进技术或投资发展以应用为导向的实验项目，国家产业创新能力低下的局面就难以真正得到改善。

（三）基础研究是连接产业与前沿知识的"桥梁"

产业技术的创新源于基础研究领域的突破，曼斯菲尔德（1991）曾明确指出基础研究对于产业技术攻关的重要性：他对美国 7 个产业进行了调查取证分析，发现在不考虑其他延误的情况下，学术研究的缺失会导致约 11% 的新工艺和 15% 的新产品开发受阻，由此降低的产值占企业销售额的 5%。尽管基础研究已经被证实可以带来产业技术的创新与突破，然而这个过程却要经历从原理开发到实验室技术再到工业化产品实现的漫长过程，其中的核心在于开发技术相关的知识与技能基础。只有真正从原理层面理解并掌握这些核心知识，才能将抽象概念转化为具有应用性与创造性的信息。

因此，基础研究可以被视为一个国家的产业通往国际前沿知识领域的"桥梁"，它可以帮助一国企业接触到全球知识网络，从前沿理论中吸收原理与技能，从而将其应用于自己国家的产业链改革和创新体系再造。可以说，一个在基础研究领域一味依赖从国外引进的国家，其工业发展必然无法达到国际前沿水平，长此以往将会在国际贸易市场竞争中处于劣势。

二、我国基础研究发展存在的主要问题

近年来，我国的基础研究和原始创新取得了若干重要进展，成功组织完成了一批重大基础研究任务：500 米口径球面射电望远镜首次发现毫秒脉冲星，"雪龙 2"号首航南极，"天问一号"开启火星探测，"嫦娥五号"实现地外天体采样返回，"怀柔一号"引力波暴高能电磁对应体全天监测器卫星成功发射，新一代"人造太阳"首次放电，76 个光子的量子计算原型机"九章"、62 比特可编程超导量子计算原型机"祖冲之号"成功问世。但这些成就与"贯彻新发展理念、构建新发展格局、推动高质量发展"的要求相比，仍有不少差距。

（一）基础研究投入总量不足

改革开放以来，我国的基础研究投入经费一直保持着稳定增长的态势，尤其是在 2006 年颁布实施《国家中长期科学和技术发展规划纲要（2006—2020年）》之后，基础研究经费总量更是迎来了强劲的增势。2022 年，我国全社会研发经费投入达到 3.09 万亿元，稳居世界第二大研发投入国，基础研究经费达到 1951 亿元，占研发经费的比重为 6.32%，连续稳定在 6% 以上。然而，与发达国家 15% ~ 20% 的平均水平相比，基础研究经费占比仍然偏低。特别是，尽管中、美基础研究投入差距在缩小，但仍然较大。

（二）研发经费投入结构不合理

基础研究、应用研究和试验发展共同构成我国的研发活动，20 世纪 90 年代初，我国开始加大对基础研究的稳定投入，设立基金并开展各项计划工程支持基础研究的发展。然而，目前我国研发活动的投入结构依然存在不合理、不稳定的问题。一方面，研发经费大多用于产品开发与调整，基础研究所占比例过低，研发资金调度明显失调。另一方面，基础研究的经费分配也不合理。近

年来，企业逐渐成为我国的研发主体，但企业却将大部分资金用于现有产品和技术的完善，真正投入基础研究的比例依然偏低，我国的科研成果产出来源依然主要是高校和研究院所等。

（三）基础研究的战略布局有待改善

我国虽然加大了对基础研究的投入，然而目前的研究方向依然集中于若干"热点"领域，没有意识到科技规划对基础研究的引领作用，缺乏统筹规划。美国在这一方面拥有超前的意识与经验。以海洋领域为例，美国国家科学技术委员会（NSTC）于2013年发布了《海洋国家的科学：海洋研究优先计划》，科学部署了美国海洋科技的优先领域及重点任务，明确了海洋资源管理、灾害应对、海洋环境、气候变化、生态系统健康及相关人类健康六大主题。2018年11月，NSTC又发布了《美国国家海洋科技发展：未来10年愿景》，确定未来10年需要进一步研究的主题，实现海洋研究的全领域布局，研究规模和影响力在全球首屈一指。反观我国国内的基础研究，大多数项目都集中于"热点"领域，研发经费主要投入当前的产品开发，中长期项目很少，而一些具有战略意义的"冷门"前沿领域更是无人问津，产品创新没有足够的技术积累，造成整个国家基础研究能力的体系性缺陷。

（四）基础研究成果的质量仍有待提高

国际上普遍以专利申请以及高质量论文发表情况作为衡量各个国家基础研究水平的重要指标。专利的背后代表着技术的创新，发明专利的数量和质量一定程度上可以反映一个国家的创新能力。论文被引情况表示获得同行专家承认的情况，也可以反映论文质量的高低。我国的基础研究仍处于"跟班式"、出"原料"、出数据阶段，即利用国内数据或案例，验证国外学者提出的观点，或者在国外前沿理论的基础上做一点小修小补的边际性创新，缺乏具有重大原创成果的颠覆性创新，具有引领性的原创观点和理论成果仍不多见。

（五）基础技术创新体系不够完善

当前，以互联网、大数据、人工智能等为代表的新一代信息技术方兴未艾，给各国经济发展都带来了前所未有的机遇和挑战，传统的研究体系显然无法适应当下高速的发展。企业提高科技水平和创新能力、加快技术创新刻不容缓，技术资产的权力边界和创新能力都将成为企业的核心竞争力。我国政府一直十分重视企业的自主创新，号召通过国家科技计划来推动科技进步，然而，我国产业核心技术供给不足的局面并没有得到彻底的改善。目前，我国企业对创新范畴的产品开发重视程度依然不够，实现产品或工艺创新的企业仅占22%。工业企业中，设立研发机构的企业仅占 16.3%。

三、对策建议

基础研究决定了一个国家科技创新的深度和广度，"卡脖子"问题的根源在于基础研究薄弱。作为一切创新的源头，基础研究在整个创新链中具有至关重要的地位，特别是基础研究所产生的底层架构和技术创新成果是很多产业发展的"命门"，是我国建设创新强国的基础和推动产业基础高级化的基石。要改变我国关键核心技术受制于人的局面，就必须从基础研究做起，再造富有竞争力的基础研究体系，大幅提升基础研究能力。

（一）保障基础研究经费，建立多元投入机制

国家有关部门应加大基础研究投入，制定长期稳定支持基础研究发展的政策体系。首先，进一步加大中央财政的基础研究投入，重视对基础研究经费的长期性部署；其次，政府可以通过税收优惠扶持等措施来激励企业对基础研究加大投入，共同促进重大科研成果的转化。

（二）充分发挥国家自然科学基金的导向作用

在各个科研基金项目的实施过程中，坚持自下而上的自主选题与自上而下的政策引导相结合。面上项目主要支持探索创新，促进学科之间的协调发展；

重点项目面向国家战略需求，重视工程概念以及对新领域的研究，建立针对高风险、高回报以及强探索性的评审管理机制。

（三）加强基础研究与国家战略目标的联系

遵循"统观全局，突出重点，有所为，有所不为"的原则，将基础研究的发展与国家经济、社会发展以及国防安全等战略目标相结合，瞄准全球科学发展前沿课题，对农业、能源、信息、人口健康以及材料等重点领域开展综合性研究，为相关领域的重大工程提供战略性、基础性及前瞻性的人才输送和科学理论支撑。对具有科研基础以及应用前景的重大战略研究，应设立专项科研计划重点突破，精心布局，强化支持。

（四）加强创新人才海外引入与本土培养

一方面，政府继续吸引海外人才回流。加大海外人才引进力度，通过体制机制创新，充分赋予科研人员决策权，把人的创造性从不合理的经费管理、人才评价等体制中解放出来，造就一批能够长期稳定深耕基础理论研究的基地和队伍，打造一批聚焦专业领域的顶尖基础研究人才和团队，让科研人员更加心无旁骛地投身勇攀科学高峰的事业中。加强中青年和后备科技人才的选拔，培养一批具有过硬专业素养和国际眼光的战略科学家。

（五）强化科技基础设施建设

以公共性、通用性、开放共享为基本特征，聚焦5G和人工智能、生命健康、新能源与节能环保、高端装备与新材料等重点关键技术领域的研发和产业化需求，加强重大科技基础设施建设，统筹部署和建设突破型、引领型、平台型一体的国家实验室，为基础科学前沿领域取得重大进展提供必要条件，为解决经济社会发展中的重大科技问题提供有力支撑，为聚集培养优秀科技人才提供重要平台，努力提升我国科技整体水平和国家综合实力。

（六）加快数字核心技术攻关

随着世界经济向以数字生产力为标志的新阶段大踏步迈进，大数据逐渐在我国形成了以开源为主导、多种技术和架构并存的技术体系。要贯彻落实《国务院关于全面加强基础科学研究的若干意见》，严格执行国家科技计划，对聚焦人工智能、云计算和集成器件等数字领域的"新基建"给予长期支持，推动我国关键核心技术突破，大力发展数字经济。

（七）建设关键共性技术研发平台

目前，我国在加强产业关键共性技术研究方面，以重点大学、科研院所和骨干企业为基础，建设了一批国家级研发平台，然而却存在平台多头布局、财政投入碎片化等问题。需要明确各平台的功能定位，推进研发平台的优化整合；以优化整合进度为衡量指标，以竞争性和差异化为原则，建立弹性的资金支持机制和评价制度，突出成果导向，推动产业关键共性技术的市场化应用。增强制造业技术创新能力，构建开放、协同、高效的共性技术研发平台。

（八）推动基础研究与应用研究融通

遵循原创性、颠覆性发明创造的研究导向，大力推动信息技术、智能制造以及资源环境等重点领域应用技术的创新，利用应用研究将原始创新与产业化连接起来，推动基础研究、应用研究与产业化的对接融通。将国家级重大工程作为融通创新的载体，以基础研究提升重大工程的科研水平，以工程需求引导基础研究的发展方向，充分发挥产学研中各主体的作用，推动基础研究和应用研究产业化、工业化，提升我国的产业竞争力，吸引更多的国内外资金。

（九）提高基础研究的国际化水平

研究表明，获得诺贝尔奖的科学家及机构之间存在密切的交流合作或师生关系，因此，应当鼓励我国学者与国际一流机构展开深入的合作，积极参与国际大科学计划及科学工程，深度参与管理工作并积累相关的管理经验。在我国优势领域选择具有合作潜力的项目进行重点培育，争取以组织者身份在国际上发起大型工程及科学计划。加大科技计划的开放力度，落实"一带一路"的科技创新行动计划，建立国际创新合作平台，推动更多国家重大科技基础设施、科学数据等开放，建立健全设备与仪器开放共享管理制度，促进科技资源的交流与共享。

第十一章

强化基础领域企业主体培育的思路与对策

加快基础领域企业主体培育是落实产业基础再造工程的重要举措，也是提升我国产业基础能力和产业链现代化水平的必由之路。本章在分析基础领域企业主体培育现状的基础上，结合发达国家企业主体培育的经验做法，提出强化基础领域企业主体培育的思路及建议。

一、"十四五"时期我国基础领域企业主体培育面临的形势

（一）第四次科技革命席卷全球，企业抢占科技革命制高点的竞争异常激烈

改革开放以来，我国企业的国际化发展进程不断加快，逐步形成了以低端要素吸引高端要素，以承接发达国家外包、接受外商直接投资为主的要素集聚模式，技术外溢成为我国产业规模迅速扩张和技术水平大幅提高的重要来源，发挥了不可替代的重要作用。特别是，技术外溢推动了产业基础能力的技术有效供给，对我国产业发展和升级起到了引领作用。

从产业基础能力提升的技术供给来源来看，我国企业主要通过国际贸易、外商直接投资、对外直接投资等方式实现企业的国际化经营战略。国际贸易层面，近年来我国的进出口贸易一直呈现持续、稳定的增长态势，是技术外溢渠道中影响产业基础能力的最主要的方式。外商直接投资层面，外商直接投资对我国企业起到了示范、竞争和资源互补的作用。对外直接投资层面，我

国的对外直接投资力度不断加大，通过对外直接投资获取国际技术外溢更具主动性和针对性，这为我国企业"走出去"实现技术学习和赶超提供了更有益的启示。

从产业基础能力提升的技术需求机理来看，我国的产业集群，尤其是集群内的龙头企业，因发展与创新需求，技术需求更加强烈。当前，以人工智能、物联网、区块链、生命科学、量子物理、新能源、新材料、虚拟现实等技术为驱动力的第四次科技革命正以前所未有的态势席卷全球。这场科技革命融合了数字、物理、生物等不同领域的技术，将过去的产业结构和产业布局打乱重组，争夺产业基础能力提升的技术优势正在成为企业参与高层次国际竞争的新焦点。

能否在新一轮世界技术创新与变革中占领制高点，将直接决定我国行业、企业未来在技术领域的全球竞争力。尽管技术外溢一定程度上促进了我国产业基础能力的提升，但我国的产业基础在高端关键技术方面仍缺乏有效供给，发达国家一直对我国采取技术封锁政策。这就要求企业围绕关系我国战略安全和产业发展全局的关键科技需求和重点领域，加快技术创新，尽快取得一批世界领先的自主创新成果，以技术创新提升我国的产业基础能力。

（二）全球经济低迷，企业同时面临全球贸易衰退和全球产业链重构带来的挑战

一是在全球需求侧层面，全球贸易衰退背景下我国制造业对外出口将面临严峻的形势。我国是非食用原料、矿物燃料、化学品的净进口国，原料分类的制成品、机械与运输设备、杂项制品的净出口国，这些商品的贸易容易受经济形势影响。因此，全球贸易衰退将对我国出口原料分类的制成品、机械与运输设备、杂项制品的企业产生较大的冲击。**二是在全球供给侧层面，全球产业链重构将对我国依赖全球产业链的企业产生重大影响。**目前，我国在机械和医药、化工、动力机械、专业机械、通用机械、公路车辆、其他运输设备（以飞行器为主）等多领域对美国和德国存在集中的进口需求。

（三）以美国为代表的发达国家打压我国高技术产业，从传统的宏观壁垒转向"降维打击"企业实体

近年来，美国以打压我国高技术产业为手段，企图全面遏制我国的发展进程，打破了多年积累形成的全球化分工合作的产业链格局，造成了非常严重的后果。在中美贸易摩擦不断升级的过程中，美国通过多次加征关税并出台出口管制"实体清单"，切断供应链，打压我国的高技术企业。长远来看，中美在贸易摩擦中的博弈手段可能更加多元化，对两国和国际格局的影响也将更加深远。从我国被纳入出口管制"实体清单"的主体情况来看，我国已成为"实体清单"涉及企业数量最多的国家。截至2023年3月，我国被列入出口管制"实体清单"的主体（含港台企业及海外子公司）共计600多家，被列入其他各类清单的1300多家。管制范围涉及机械、超级计算机、半导体、航空航天、光学仪器等多个领域的龙头企业及核心研究机构。美国对我国基础能力强的企业的围堵打压，暴露了我国产业基础能力的短板、核心技术缺乏的弱项。短期来看，我国的高技术企业会受到较大影响。长期来看，随着经济转型升级，我国在越来越多的高技术领域开始与美国发生正面竞争，美国政府对我国高技术企业的发展实施战略打压具有必然性，双方的诉求具有不可调和性，难以通过谈判达成协议。这给我国企业的转型升级增加了实施困难和不确定性因素，对我国培育创新型高精尖企业、大型龙头企业、隐形冠军企业提出了迫切的需要。

（四）我国进入产业高质量发展阶段，需要一批龙头企业带动和创新型企业共同推动

目前我国产业的发展正处于从数量追赶转向质量追赶、迈向全球价值链中高端的关键阶段，但实体经济发展趋缓、创新要素市场发展不足、大中小企业融通发展环境不完善等问题突出，制约了产业体系从有到优、由优变强的高级化跨越。从实体经济发展来看，实体经济的迟滞将直接影响产业的高质量发展。受劳动力、原材料等成本上涨以及中美贸易摩擦影响，我国实体企业的盈利状况恶化，经营压力进一步加剧。从创新要素市场发展来看，当前的创新要素状况仍然不能有效满足我国产业高质量发展的需求。研发人员密度方面，我国每万名劳动者拥有研发人员的数量为 48 人，而丹麦则高达 213 人，韩国、日本、德国等国为 140 ~ 168 人，为我国的 3 ~ 4 倍。从大中小企业融通发展来看，大中小企业之间的分工还处于初级阶段。大企业难以从中小企业获得低成本、高质量和互动性强的配套服务，中小企业则难以从大企业得到资金、技术和管理等方面的支持。随着我国进入全面深化改革阶段，亟须市场和政府分别充分发挥决定性作用和引导作用，建立一个大中小企业长期共存的生态环境。因此，要紧密结合当前我国实体经济、创新要素市场、大中小企业融通发展的实际情况，做好产业发展面临的重大"考题"，全面提升产业发展的支撑水平。企业是市场经济的主体，也是产业转型升级的主体。这就需要一批龙头企业引导带动和创新型企业群共同推动我国产业转型升级。龙头企业常常主导相关供应链网络，在国家的产业生态中处于核心地位，与创新型企业形成合作网络，具有以点带面的辐射作用和溢出效应。

二、主要发达国家培育基础领域企业主体的经验做法

（一）立足国情，从国家再工业化战略高度推动企业发展

自 2008 年国际金融危机以来，发达国家通过提出再工业化战略、加大已有产业高附加值环节的再造力度并推动新兴产业的诞生与发展，从国家战略高度布局和推动制造业转型升级。美国发布了《推动可持续增长和高质量就业》《美国创新战略：确保我们的经济增长与繁荣》《"先进制造业合作伙伴"计划》《先进制造业国家战略计划》《美国创新战略》等顶层战略，强调重振制造业，大力支持企业发展，保持全球创新优势和主导地位。德国提出了"工业 4.0"、《国家工业战略 2030》等顶层战略，强调互联网与制造业的深度融合，注重企业的智能化转型，并培育冠军企业，从而提高德国工业的全球竞争力。英国提出了《英国工业 2050 计划》《产业战略：建设适应未来的英国》等顶层战略，强调信息通信技术等高科技对生产的改变。日本先后提出了《经济再兴战略》

《新经济增长战略》《机器人新战略》等顶层战略，将人工智能技术视为新一轮科技革命的核心技术，加大企业投资，发展日本特色制造业。

（二）发挥政府的政策扶持引导作用，激发企业自主创新

发达国家通过构建政策支持体系，为企业创新提供供给面、环境面、需求面等多方面的支持（见表 11-1）。整体来看，各国政府在创新链[①]上的政策工具布局有着各自不同的侧重点。从各国政策工具部署来看，对于创新链前端来说，供给型政策下，美国侧重基础设施，日本侧重基础设施和信息支持，韩国侧重人才培养；环境型政策下，美国、英国和韩国都侧重财务金融和税收优惠。对于创新链中端来说，供给型政策下，美国侧重资金支持和信息支持，英国侧重人才培养，日本侧重公共服务，韩国侧重信息支持；环境型政策下，美国侧重法规管制和策略性措施，英国侧重财务金融和税收优惠，日本和韩国都侧重法规管制；需求型政策下，英国和日本侧重政府采购，韩国侧重政府采购和海外机构。对于创新链后端来说，环境型政策下，英国和日本侧重法规管制，韩国侧重策略性措施；需求型政策下，美国侧重政府采购和贸易管制。

表 11-1　基于创新链的发达国家的政策工具分析

创新链各端	工具类型	政策措施	国家			
			美国	英国	日本	韩国
创新链前端	供给型	公共服务	33.3%	0	0	0
		人才培养	25%	25%	0	66.7%
		基础设施	41.7%	25%	42.9%	0
		资金支持	0	25%	14.2%	33.3%
		信息支持	0	25%	42.9%	0
	环境型	财务金融	80.6%	60%	0	50%
		税收优惠	19.4%	40%	0	50%
		策略性措施	0	0	100%	0

[①] 将创新链大致分为3个部分：前端包括创意产生、技术源、基础与应用研究；中端包括实验发展、试产试销和批量生产；后端包括创新保护、创新扩散和创新评估。

创新链各端	工具类型	政策措施	国家			
			美国	英国	日本	韩国
创新链中端	供给型	公共服务	0	25%	60%	16.7%
		人才培养	0	50%	40%	16.7%
		基础设施	0	0	0	16.7%
		资金支持	57.7%	25%	0	16.7%
		信息支持	42.3%	0	0	33.2%
	环境型	财务金融	0	37.5%	18%	33.3%
		税收优惠	0	37.5%	18%	8.3%
		法规管制	67.6%	12.5%	46%	58.4%
		策略性措施	32.4%	12.5%	18%	0
	需求型	政府采购	0	100%	100%	50%
		海外机构	0	0	0	50%
创新链后端	环境型	法规管制	0	100%	100%	33.3%
		策略性措施	0	0	0	66.7%
	需求型	政府采购	60%	0	0	0
		贸易管制	40%	0	0	0

（三）注重大企业研发投入，形成重点领域长远布局

当前欧美国家在大企业研发投入上占据了绝对优势，日本是亚洲大企业研发投入最多的国家。根据欧盟发布的全球研发投入最高的 2500 家企业总研发投入调查榜单，美国有 769 家企业上榜，研发金额占 38.0%，大部分是人工智能、IT、通信、芯片研发以及制药业，也有传统的汽车和通用电气类；欧盟有 551 家企业上榜，研发金额占 28.3%，其中德国以汽车和电子类为主，英国则是以制药为主；日本有 318 家企业上榜，研发金额占 13.3%，以汽车和电子类为主。

（四）推动专精特新企业建设，抢占深耕细分市场

发达国家对专精特新企业有着不同的"以专补缺"建设经验，其中，德国的做法最富代表意义。德国始终坚持走精细化分工道路，在世界制造业领域的细分市场占据重要地位，涌现出了大量的隐形冠军企业。德国是世界上隐形冠军

企业最多的国家，全球 2734 家隐形冠军企业中，德国占了接近一半，这些企业在全球某一领域的市场占有率极高。隐形冠军企业通常为大企业生产配套连接件产品，以德国伍尔特公司为例，它是一家只生产螺丝和齿轮的隐形冠军企业，生产的产品大都并非终端消费品，而是间接应用于全球各行业的生产型企业，如机械、化工、精密仪器、家具，甚至汽车和飞机等，其年销售额达到 70 多亿欧元。

德国推动专精特新企业建设的经验做法有三点值得关注。**一是引导企业提升创新能力，加快数字化转型。**《数字化战略 2025》中专门描述了中小企业的数字化转型，涉及重点领域目标以及实施措施。**二是长期专注细分市场，注重产品和服务质量。**德国鼓励中小企业将资源集中于某个细分领域，将单一产品做到极致，成为细分市场的领先者、主导者。**三是注重专业技术人才培养，保障企业发展核心。**德国实行"双元制"职业教育模式，培养了大批兼具基础能力和实践能力、以"慢、专、新"为主要特点的德国工匠。

（五）强调大中小企业融通发展，促进政产学研用紧密结合

发达国家主要通过"以大带小、以小补大"的方式实现大企业和中小企业的联合发展。日本大企业自身主要从事关键零部件的生产和产品的最后装配，其余业务则转包给中小企业。中小企业自身与大企业结成资产纽带和生产经营纽带，为大企业生产零部件、中间产品或实施各类辅助工程。同时，通过将企业的发展战略与产业政策相结合，选择重点产业进行扶持，加快实验室建设，加强研究机构及人才的管理，促进政产学研用紧密结合。德国兼顾大企业和中小企业的创新和发展，强调大企业、中小企业、研究机构、高校、科技园、孵化器集聚发展，注重产业链上、中、下游行业的竞争力培育。

三、加快基础领域企业主体培育的思路

（一）攻难补短，完善关键核心技术攻关的新型举国体制

新型举国体制以国家发展战略为根本目标，通过集中力量、协同攻关，实

现核心技术的全面突破。相较于传统举国体制，新型举国体制更加注重市场在资源配置中的决定性作用、目标实现与经济效益并重发展、技术链与价值链的双轨并行等方面，有利于充分发挥集中力量实现核心技术全面突破的优势。应从多方面加快完善关键核心技术攻关的新型举国体制，充分发挥集中力量办大事的优势。

一是深化对基础研究的认识并加大对基础研究的投入，健全鼓励支持基础研究、原始创新的体制机制。 从国家战略高度将企业的基础研究摆在重要位置，坚持将企业的基础研究作为产业转型升级和研发创新的重要动力，注重知识积累、技术储备和人才培育等基础功能，对基础研究的长期性、积累性等特点形成深刻的认识。围绕国家战略导向、产业发展前沿、产业共性技术的难点和短板，调动企业参与源头基础研究的积极性，加大针对核心基础零部件（元器件）、关键基础材料、先进基础工艺、产业技术基础水平、基础软件设计与生态化应用等产业链高端环节基础技术和产品的研发投入，集中企业力量开展自主研发，着力突破"卡脖子"技术。

二是建立以企业为主体、市场为导向、产学研深度融合的技术创新体系。 与市场机制充分结合，推动企业成为技术创新决策、研发投入、科研组织和成果转化的主体，集中各方力量协同攻关，充分引导并利用市场资源要素，通过并购重组等方式促进资本进一步向符合国家战略的重点行业、关键领域和优势企业集中，提高全行业的资源配置效率。

（二）集中力量，针对不同行业的差异化培育一批龙头企业和专精特新中小企业群

龙头企业通常在全球价值链中占据产业高端和关键环节，在全球产业规则形成、行业标准制定、产业发展方向引领等方面具有较强的话语权和影响力。专精特新中小企业通常在细分市场或特定领域具有技术的独特性和关键性，是行业的隐形冠军。结合我国世界 500 强企业和专精特新企业的行业分布以及与国际的差距来看，我国应加强在汽车、油气与化工、钢铁及建材、电信、电

力、建筑、矿产资源、装备制造、软件与信息技术服务、运输等行业的龙头企业的培育，同时加强在核心基础零部件（元器件）、关键基础材料、先进基础工艺领域、产业技术基础"工业四基"领域的专精特新企业的培育。通过积极的政府引导和有效的市场竞争、数字化智能化深度融合新动能、培育世界一流的人才队伍等方式，将新型举国体制打造为集中力量办大事、加快新旧动能转换、实现高质量发展的"金钥匙"。

一是政府引导和市场竞争。 从美、德、日政府的经验来看，对企业的引导和扶持能够显著增强企业的产业实力。美国对企业的引导和扶持以市场化的手段为主，并减少政府干预；德国从国家战略高度推动企业发展，并强调产业集聚发展；日本选择重点产业的大企业进行扶持，使中小企业和大企业联合发展。

二是数字化智能化深度融合新动能。 传统工业化的发展模式和方法已无法适应信息时代竞争的新趋势、新要求，需要以培养和提升新型竞争能力为根本，对数字化智能化深度融合的重点技术、重点领域、重要方面进行集中突破，形成大企业发展的新动能。

三是培育世界一流的人才队伍。 事实经验表明，企业的创新活动离不开创新人才的支撑。需要围绕培育企业家精神和创新人才，探索和完善职业经理人制度建设，强化与企业业务体系精准匹配的人才体系建设，构建差异化考核评价体系以及多元化激励机制。

（三）齐心协力，建立大企业和中小企业协同发展的产业生态

大中小企业协同发展已不再仅要求有单一配套的供应链关系，而是以提高产业整体技术及关键技术水平、改善企业经营业绩、促进产业整体发展为根本，通过技术创新协同、管理创新协同、产业链发展协同等方面构建协同创新、共同发展的产业生态系统。

一是通过技术创新协同，打破行业技术垄断。 以提高产业整体技术及关键技术水平为根本，通过大企业的技术创新带动与其配套的中小企业技术创新，

形成大企业带动下的大中小企业技术协同创新体系。以大企业的技术研究机构为核心，围绕关键技术积极整合平台资源，打造开放共享共创式创新平台，为中小企业提供技术服务与支持，共享行业共性技术资源与成果，开展产业链关键环节的创新合作研究，共同推动产业整体技术及关键技术水平的发展。

二是通过管理创新协同，建立平等竞争的经营环境。以改善企业经营业绩为根本，同步创新大企业与配套中小企业的管理理念、机制、组织、流程等，提高快速适应内外部环境变化的能力，形成大中小企业协同管理创新体系。将大中小企业协同管理创新理念融入企业生产经营管理的各个层面，增强企业平等竞争、价值共创、互利共赢的意识。通过大企业与中小企业之间的管理合作，建立企业管理的动态调整机制。加强企业组织之间的信息交流与共享，建立畅通、高效、便捷、安全的协同管理信息平台，引领组织方式向扁平化、流程化、价值网络方向转变。完善大中小企业配套体系，逐步从低端无序向高端有序发展。

三是通过产业链发展协同，促进产业整体发展。通过产业链层次上全方位和深层次的融通发展以及协作配套，形成产业集群下大中小企业产业链发展协同创新体系。围绕产业集群，发挥大企业产业链的带动优势，从供应链、创新链、信息链、资金链、价值链等方面与中小企业共建融通产业生态圈，坚定中小企业专精特新的发展道路，积极利用数字化、网络化、智能化为大企业提供专业化配套服务，提高产业的整体发展水平。

四、政策建议

（一）构建完善的政策支持体系，积极引导企业技术创新

通过构建并完善覆盖供给面、环境面、需求面等各类型政策工具的政策支持体系，积极引导并促进企业在创新链各环节实现技术创新。一是在供给型政策工具的使用中，重视在公共服务及基础设施领域为企业技术创新提供引导和支持，解决企业技术创新过程中在资金、信息等方面的迫切需求，并加强人才

培养。二是在环境型政策工具的使用中，重视对财务金融、税收优惠和法规管制措施的运用，解决企业技术创新过程中面临的成本投入高、法规不健全等问题。三是在需求型环境政策工具的使用中，重视政府采购在满足企业技术创新需要中的作用，将具备技术创新条件的中小企业纳入政府采购对象范围，保障和鼓励中小企业技术创新。

（二）优化企业技术创新体制机制，完善科技成果转移转化体系建设

优化企业技术创新体制机制是促进企业技术创新能力及成果转移转化率提高的根本，需要重点解决企业研发资金投入不足或不合理，研发项目管理机制缺失，科技成果转化、考核评价与机制激励不足等问题。**一是重点解决企业研发资金投入不足或不合理问题。**通过将研发投入比例指标纳入绩效考核、确立研发经费投入比例、将研发经费纳入预算管理、建立研发投入激励机制等方式确保研发经费达到较高的稳定投入水平，同时警惕企业研发"空壳化"引发的以假创新来避免研发经费投入的不合理现象。**二是重点解决研发项目管理机制缺失问题。**通过建立项目型管理机制，提升客户需求管理的及时性和科学性，完善前瞻性技术研发规划和评估，形成有效信息整合及共享运行机制，提高企业研发项目的管理效率。**三是重点解决科技成果转化、考核评价与机制激励不足问题。**打通科研和生产环节，集中科研、企业、资本、行业协会等各方资源力量构建科技成果转化联盟，同时以市场为导向激发企业的参与动力，解决企业考核评价体系不够科学合理、人才激励体系建设与绩效水平总体偏低等问题。

（三）积极开展国际合作，部署安排产业链备份

针对当前及未来全球贸易衰退和全球产业链断裂带来的直接或间接冲击，围绕我国对全球依赖度较高的工业制品尤其是高技术工业制品，以"一带一路"建设、企业改革、提升产业基础能力和产业链水平为契机，积极开展国际合作，部署安排产业链备份。一是以"一带一路"建设为契机，加强与共建各国政府和企业在产品、资本、技术、服务、管理等多方面的合作，总结我国企

业"走出去"的关键经验，构建多层次合作模式及格局，实现从企业"走出去"理论体系探索到实践经验及模式构建，再到理论体系的丰富和突破。二是以企业改革为契机，加强与国际各类所有制企业在改革发展方面的合作，探索合作路径与模式，实现健全完善现代企业制度、推进公司治理体系和管控能力现代化国际化的目标。三是以提升产业基础能力和产业链水平为契机，加强与国际同行企业在产业链、价值链等方面的合作，搭建更多重点领域的产业交流合作平台，建立稳定的产业战略合作伙伴关系及长效机制。

（四）营造良好的发展环境，引领和带动更多中小企业走向专精特新

围绕专精特新企业发展的实际情况，从公共服务、财税金融支持、人才培养、评选认定、文化宣传等方面提出具体的政策建议。**一是建立健全专精特新企业公共服务体系。**通过搭建各类服务平台，优化对专精特新企业的发展战略规划、资本结构优化、与大企业的协作配套等方面的引导服务。结合专精特新企业的自身结构及发展特点，帮助专精特新企业科学分析细分领域市场及发展战略。围绕"价值最大化、综合资本成本最小化、资本结构弹性化"，引导专精特新企业更适应当前经济环境，实现资本结构的优化均衡。搭建专业化配套协作平台，引导专精特新企业提高与大企业协作配套的能力，并通过大项目、大工程，引导大企业主动寻求与专精特新企业的合作。**二是加大对专精特新企业的财税金融政策扶持力度。**针对专精特新企业转型升级的阶段化财政补贴、税收优惠或减免等需求，构建良好的财税政策支撑体系。加大对专精特新企业的金融支持力度，探索多元融资模式，拓宽融资渠道，扩大信贷规模，同时加强中小企业信用体系建设。**三是加大对专精特新企业急需人才的引进及培养力度。**结合专精特新企业的实际需求，加强与人社部门、人力资源公司等各类机构的合作，拓宽人才招聘渠道，同时加强与高校的合作，有针对性地布局人才培养计划。**四是加强对专精特新企业的评选认定。**通过每年对国家或各地区专精特新示范企业的评选认定，筛选出一批创新能力强、专业化发展明显、管理水平先进、转型升级突出、市场占有率高、质量效益较好的专精特新企业。同

时不断完善专精特新企业的发掘、选拔、培育、成熟和退出机制，形成可持续滚动发展。**五是加强专精特新企业的文化宣传。**宣传专精特新企业的发展经验和模式，弘扬专精特新企业的工匠精神，定期举办专精特新企业交流活动，形成专精特新企业文化氛围。

第十二章

提升产业基础能力的重大举措建议

提升产业基础能力是一个具有挑战性的难题。产业基础能力的提升受市场失灵、多主体协调失灵、系统失灵的负面影响和产业政策本身的局限。与此同时，产业基础和产业链是相互关联、相互支撑的重要概念，产业基础是产业发展和制造强国建设的根基，也是提升产业链水平的前提。产业链现代化为产业基础能力提升提供丰富的应用需求，产业基础高级化则为产业链现代化提供必要的技术保障，两者相辅相成、不可分割，必须系统谋划，统筹推进。为此，我们在梳理现有提升产业基础能力文献的基础上，重点从产业基础再造和产业链提升相结合的视角，更多从体制机制改革的维度，提出提升产业基础能力的重大举措建议。

一、提升产业基础能力对策的代表性观点

（一）注重克服市场失灵，提高企业的创新积极性

一是培育激发颠覆性技术创新的环境。黄群慧（2020）认为，迭代性技术创新和颠覆性技术创新存在路径差异，迭代性技术易存在路径依赖，难以实现技术的重大突破。要创造有利环境激发颠覆性技术创新，加大对中小企业创新的支持力度，进一步加强知识产权保护和运用，完善反垄断等竞争政策，形成有效的创新激励机制。干勇（2020）认为，要构建知识产权体系，设立国家知识产权专项基金，进行全球专利与产业的战略布局。对于被国外垄断的弱势行

业，应鼓励新材料企业"引进来、走出去"。建立重大科技活动知识产权审议制度，防止关键核心技术流向国外。完善知识产权交易政策，加快建立知识产权评估交易机制。**二是加大对战略性产业的保护力度，打破外资企业垄断。**中国工程院（2019）开展的"工业化基础再造"课题研究提出，对于国内能够实现自主化生产的产品，应及时调整《重大技术装备和产品进口关键零部件、原材料商品目录》，取消免税政策，并给予国内"四基"领域的企业出口退税优惠。高梁（2020）认为，高端机床领域面对跨国公司的优势地位，单靠放开竞争和本国企业各自为战，难以摆脱被动局面，要在 WTO 框架内对企业进行必要的政策支持，针对各重点环节的技术短板，组织科技攻关，推进全产业链技术升级和综合竞争力提升。

（二）注重克服协调失灵，加强顶层设计

一是加强顶层设计，成立高级别机构。干勇和延建林（2016）建议在我国工业领域选择若干带动作用强的重点产业，逐个试点建立国家产业创新战略发展委员会。委员会的主要职责是为国家产业技术创新提供科学咨询和建议，具体包括：第一，持续跟踪研究产业创新发展规律和特点，研究制定产业创新发展战略，研究提出国家产业共性技术研发重点方向、政策措施和重大建议，为国家产业技术创新的战略谋划与顶层设计提供咨询建议；第二，组织开展国家产业技术创新体系建设评估，为改进和完善国家产业共性技术创新支撑体系提供科学依据。**二是创新技术供给方式。**干勇（2017）认为，要优化创新技术供给方式，应在产业集中度较高的产业领域建立以大企业研究院为主体、产学研相结合的创新技术供给模式；对产业集中度不高的产业或战略性新兴产业，建立以公共研发机构为主体、产学研相结合的创新技术供给模式；在技术更新换代快、市场化程度高和新兴的产品领域，应用现代技术手段，充分营造技术成果转化、应用和产业化的政策环境，发挥多元化主体在产业创新技术供给中的作用。中国工程院（2019）开展的"工业化基础再造"课题研究提出，要进行链式突破，互融协同，根据重点产品和工艺"一条龙"应用计划，在 IGBT

（绝缘栅双极晶体管）器件、轻量化材料、工程机械高压油泵和多路阀、超大型构件先进成型工艺4个方面开始试点，探索全产业链互动协作，从研发、原材料、工艺、零部件、整机装备、检验检测设备、试验验证全方位解决产品全产业链、全生命周期中存在的脱节问题。**三是将工业基础作为军民融合的突破点。**基础领域由于通用性、共性最强，也最容易在军、民领域实现共同使用，最适合成为军民融合的重点方向。中国工程院（2019）开展的"工业化基础再造"课题研究提出，要充分发挥军工技术、设备和人才优势，引导先进军工技术向民用领域转移转化；梳理民口优势领域和能力，跟踪具有潜在军用前景的民用技术发展动态，促进先进、成熟的民用"四基"技术和产品进入武器装备科研生产，并提出要实施"四基"军民融合发展联合行动专项。**四是强化人才支撑。**尤政等（2016）认为，要引导高等学校、中等专业学校重视制造业基础学科建设，鼓励大型科研机构建立研究生教育和博士后工作站，倡导企业与学校及科研机构联合开展职业教育和在职培训，形成多层次适用人才培养体系；同时，各高等院校、中等专业学校要提高对基础件的重视程度。屠海令（2017）认为，要充分发挥行业协会、科研单位和大学的作用，共同建立关键基础材料产业专家系统，加强材料研发、生产和应用的直接沟通和交流。

（三）注重克服系统失灵，增加共性技术（服务）供给

一是成立新型研发机构。未来30年是我国制造业创新模式由"引进跟随"向"自主并行"、再向"原始创新引领"模式转变的关键时期，对产业基础研究和产业共性技术的需求越来越迫切。中国工程院（2019）建议完善政府对基础性、战略性、前沿性科学研究和共性技术研究的支持机制，以正在建设的制造业创新中心为基础，对现有设在高等院校和科研院所的国家重点实验室、国家工程实验室、国家工程研究中心、国家工程技术研究中心进行重组，形成分布式、网络化的新型科研机构。干勇（2020）同样认为，当前应集中目标、集中资金、集中人才，对国家重点实验室、国家工程研究中心等创新平台进行优化重组，补齐材料基础科学研究短板，强化底层基础技术研发，提升材料的原

始创新能力。**二是注重技术扩散和转化。**干勇等（2016）认为，要建立能够支持我国重点产业技术创新目标实现的专利池和知识产权支撑系统，进一步完善国内重大产业技术创新成果扩散转移机制。贺俊（2017）建议，技术改造政策可以借鉴日本"技术咨询师"和澳大利亚"管理顾问"的做法，培育、认证专门的具备丰富的生产管理经验和现代工艺知识的专家队伍，为企业提供质量管理、现场管理、流程优化等方面的咨询与培训，从生产工艺而不是生产装备的层面切实提高企业的制造水平。**三是强化产业基础设施建设。**干勇（2020）认为，要建设工业互联网基础设施，实现材料研发、设计、生产、销售、管理、服务等产业要素的泛在互联，以及加强智能制造基础设施、材料研究基础设施、质量技术基础设施和安全管理基础设施的建设。盛朝迅（2019）认为，要加快建设信息网络基础设施、智能应用场景、工业互联网平台、大数据中心、新能源汽车充电桩、智慧化交通基础设施、生物种植资源库等基础设施，加快构建以新一代信息技术和数字化为核心的新型基础设施。黄群慧（2020）认为，要从国家战略高度，重视产业基础服务体系尤其是国家质量基础设施的完善，积极推进计量、标准化、认证认可和检验检测工作，不断完善政府的质量监督管理体系，创新政府的质量治理体制，加快制定和实施与国际先进水平接轨的产业质量、安全、卫生和环保节能标准，进一步提高我国的校准测量能力。

（四）改进和优化产业政策，改善产业支持手段

一是完善政府采购政策。中国工程院（2019）开展的"工业化基础再造"课题研究提出，要加大招标和政府采购支持力度，鼓励企业采购国内"四基"领域企业的产品，尤其是使用中央财政资金和部分使用中央财政资金的项目在招标或政府采购过程中，优先使用在国内"四基"目录中的生产企业的产品。念沛豪和曾建平（2018）认为，要借鉴发达国家的通用政策工具，通过政府采购等方式，鼓励、培育和推动关键装备和零部件产品的市场化应用，弥补产品创新和推广应用初期的市场失灵；通过应用效果反馈不断促进企业积累生产经验、优化生产流程、提高产品性能，加速产品商业化进程。李万（2020）认为，

在符合 WTO 规则的背景下，破除地方保护主义，以统一大市场来落实和优化首台（套）、首批次创新采购政策。**二是完善税收政策。**尤政等（2016）认为，要加强科技税收政策在引导社会资源流入研发领域方面的作用，对于科技税收政策能够发挥优势但仍处于空白的问题，应在战略高度合理布局和设计，制定鼓励主机厂采用首批国产关键零部件新品的优惠政策，对创新产品给予税收减免的优惠政策，特别是要免除国内已能满足需求的基础零部件（元器件）产品的进口税收优惠。李万（2020）认为，要以税收减免或抵免的方式，鼓励企业和社会资金投入应用（基础）研究，形成支持应用（基础）研究的多元投入机制。高凤勤等（2020）建议，降低工业基础产品的增值税税率，完善基础产品应用环节的增值税进项税额抵扣政策，加大"工业四基"企业、基础软件企业和工业软件企业的税收优惠力度等。**三是发挥金融体系的作用。**中国工程院（2019）开展的"工业化基础再造"课题研究提出，要鼓励引导社会资本参与工业基础领域发展，吸引整机企业、基础企业、金融机构等共同出资，组建工业基础领域产业发展基金，支持工业基础领域技术研发和产业化工程化突破；鼓励信用担保行业和保险行业参与工业基础领域发展；探索建立符合工业基础产品需求的保险产品和服务；鼓励金融机构对现有授信企业或大型企业进行上下游业务拓展，以大型企业或授信企业为标准，为基础材料、基础零部件（元器件）等配套生产的中小企业拓宽信贷业务。

二、推动产业基础能力提升的体制机制改革建议

推动产业基础再造，亟须优化制度供给，加快建立完善新型技术攻关突破机制、产业政策长效支持机制、产业基础领域人才活力激发机制、产业链上下游和跨领域协作机制、国企产业基础再造支持机制和国内国际协同创新机制，为产业基础发展提供良好的体制机制保障。

一是建立"卡脖子"技术攻关动态评估机制。动态跟踪和梳理重大"卡脖子"技术，建立重大瓶颈技术数据库，按照断供风险、影响大小、技术难度、

技术差距等，动态构建和调整重大瓶颈技术指标体系。根据国际形势变化和我国产业发展情况，动态跟踪当前对我国产业发展制约较大、影响较大的"卡脖子"技术，将其纳入重大技术攻关白名单。建立直达各行业领域下游龙头企业的联系机制，定期搜集下游龙头企业的供应链运行情况，全面了解最新的国际形势变化对龙头企业供应链的影响。引入第三方机构对"卡脖子"技术攻关实施效果进行独立评估，根据评估结果进行动态调整，提高技术攻关的效率。加快构建行之有效的督察机制，推行国家重点支持工程的奖励和问责机制，对"卡脖子"技术攻关实施过程中的问题进行评估分析，找准问题出现的缘由，加快政策调整，确保"卡脖子"技术攻关有效实施和推进。把握技术攻关的发展变化，适时对国家支持政策进行调整，择机退出。

二是探索"卡脖子"技术分类攻关突破机制。分类支持重大瓶颈技术攻关，梳理当前对我国产业发展具有较大影响的"卡脖子"共性技术、底层技术、基础技术，特别是那些与发达国家差距较大、又躲不过绕不开买不来的核心技术，按照轻重缓急并遵循分类支持等原则，在这些发展前景越来越清晰的产业和领域，对适合集中进行的研发和创新活动，国家可以依托国有企业和重点科研院所组织成立重大瓶颈技术攻关小组，做好专项资金保障，集中各方力量研发和创新。在具有激进式创新、市场需求不确定性高、具有边缘市场和领先用户、行业进入壁垒不高等特征的行业领域，对适合社会分散创新的研发、重大技术突破，按照"卡哪儿、补哪儿，卡谁、谁参与"的原则，以企业为主导推动技术攻关，政府则主要通过产业政策辅助科研单位及企业进行研发和攻关。特别是促进政府科研成果和基础设施向技术攻关主体开放，通过出台类似《拜杜法案》的政策文件，使高校、科研院所等对国家财政资助的发明创造享有专利申请权和专利权，鼓励高校开展学术研究并积极转移专利技术，支持政府的科研基础设施向重点企业开放共享，促进公共科研平台的科研成果向重点企业转移转让，支持企业技术攻关。

三是健全产业政策长效支持机制。推动产业政策向支持技术攻关企业转型，改变过去抓大放小的选择性政策支持方式，以培育专精特新中小企业、隐形冠军企业和独角兽企业等为重点，加快推动产业政策向支持中小企业的普惠性政策转型，加大产业政策对"卡脖子"技术攻关主体的支持力度。政府对企业技术创新的支持定位于产业前竞争开发阶段，加大幅度削减对产业竞争和产能扩张环节的政府科技资金投入，更好地发挥企业和社会资本的主导作用。调整政府补贴方式，支点前移，直接对产业基础领域的创新型产品实施补贴，改变政府过去主要补贴下游企业、上游基础产业"喝汤"的状况。此外，还要加大对技术攻关企业需求侧的支持力度。加快制定"卡脖子"技术应用支持政策，完善风险补偿机制，重点选取相关领域的国产化关键零部件和工业软件，对用户因使用国产零部件和工业软件而发生重大损失的，由国家对用户的损失给予一定比例的补偿，降低用户对国产零部件和工业软件的使用风险，针对早期用户和实验性用户提供补贴，为企业创造通过"用中学"不断提升技术能力的机会。

四是优化产学研一体化攻关机制。增加企业的"学研"参与度和话语权，吸纳更多企业专家参加创新规划、科研项目、平台谋划和成果评审，提高企业专家在成果评审等科技创新评估中的评价权重。建立常态化的对话咨询制度，发挥企业家参与其所在行业领域国家科技创新重大项目的积极性和主动性。国家科研对"卡脖子"技术攻关的投入应重点针对企业需求，国家重大科研专项立项评估要充分参考所在领域龙头企业的意见，促进科研院所、高校与相关龙头企业合作解决实际问题。对于国家重大科研专项等技术攻关项目，重视科技成果转移转化的结果导向，以重大技术成果的社会应用为评价国家重大科研专项的主要指标。对于部分关键共性核心技术攻关，可以试点采取由政府和部分龙头企业联合出资的 PPP（公共私营合作制）模式，技术攻关成果优先供出资龙头企业使用，更大限度地发挥龙头企业在技术攻关立项、过程指导和评估中的积极作用，促进关键核心技术攻关更好地瞄准企业需求，解决企业在发展中遇到的重大共性技术瓶颈问题。同时要创新产学研合作方式，采取"揭榜挂帅"、众包众筹等方式，充分发挥技术研究团队的能力和主动性，放松对技术团队技术攻关的限制和事中考核，采取前期保障基本研究经费和事后补助及奖励的方式，提升资金的使用效率。建立"揭榜挂帅"企业信用体系，发布负面和正面两个清单，以信用管理取代对技术攻关团队的限制和事中考核。

五是建立整机、零部件企业协同攻关机制。鼓励龙头企业在部分"卡脖子"技术领域与民营中小企业组建合作型供应链，对高度离散、缺乏规模的产业链资源进行有效整合，加强上下游企业的交流，支持中小企业与龙头企业建立配套关系，形成长期合作生产关系，为中小企业加强"卡脖子"技术攻关提供需求保障。积极推动龙头企业在其行业领域组建中介平台、行业协会、产业联盟等行业联合体和组织，增强行业发展中各主体的黏性，有效促进上下游企业开展长期战略合作，引导集成厂商打造合作型供应链管理模式。鼓励整机企业与零部件企业联合开展前置研究，鼓励上游中小企业在下游企业重大产品开发前期介入研究，发挥中小企业的专业性特长，促进中小企业更好了解下游企业重大产品对关键零部件和软件等的个性化需求，打造重大技术联合攻关命运共同体，为培育专精特新、隐形冠军企业提供更多稳定的研发实践场景。

六是推动形成国企支撑"卡脖子"技术攻关机制。加大国有企业对首台（套）产品和软件的采购力度，制订国有企业对国产化首台（套）产品和工业软件的采购计划，保证每年的采购量不低于一定比例。提高国有企业采购的公开透明度，增加国有企业对国产化首台（套）产品和软件采购的解释权，科学减少国有企业采购使用首台（套）产品和软件的风险。制定工作时间表，逐步减少战略性领域国有企业对国外产品和软件的依赖，加快推动国有企业关键零部件和工业软件的国产化。同时，促进国有企业提供技术创新行业公共品，推动国有企业赋能中小企业，加强仪器设备等资源共享，促进国有企业技术人才以借调、租借等柔性方式支援中小企业创新，减少中小企业在技术人才培育、仪器设备购买等方面的固定投入，降低中小企业的创新成本和风险，充分调动中小企业的创新积极性。强化国有企业在基础公共服务方面的作用，为民营企业的技术攻关提供基础支撑。

七是完善技术攻关人才活力激发机制。其一是建立技术攻关人才激励机制，保障全社会制造业技术攻关从业人员的合理回报，加大对违规投机行为和违法所得的惩罚力度，引导全社会行业收入分配机制向有利于"卡脖子"技术攻关的方向调整。深入推进市场化改革，加快各类资本向高技术制造业集聚，提升"卡脖子"技术攻关主体的收益，进而提高相关技术人才的工资水平，吸引更多高水平人才扎根"卡脖子"技术攻关。其二是探索产学研人才双向流动机制，促进体制内外科研人员自由流动，建立公共研发平台和重点企业的人才双向流动机制。允许体制内科研人员停薪留职创新创业和前往大企业任职，建立促进体制内高校、科研院所、创新中心等研发机构人员流动的体制机制。大力推广聘用制，鼓励体制内高校和公共研发平台聘用大企业研发人员。支持高校等体制内研究部门成立咨询委员会，广泛吸收企业研究带头人等进入咨询委员会。其三是合理推动科研机构"去行政化"，减少体制内科研机构的行政属性，强化科研机构的科研属性，形成适应现代科学创新规律的科研机构管理和评价机制，建立"懂科学者管科学"的政府科技管理人员培养使用的科学化机制，从科研人员中选任优秀的科技管理人员，推动教授治校、科学家治所（院）。以不断解放和激发人才的创造力为导向，塑造学术自由、宽松和谐、静心致研的学术研究环境和科研评价机制。

2019 年 8 月 26 日，十九届中央财经委员会第五次会议提出，要充分发挥集中力量办大事的制度优势和超大规模的市场优势，以夯实产业基础能力为根本，打好产业基础高级化、产业链现代化的攻坚战。这是我国首次提出"产业基础高级化""产业基础再造""产业链现代化"任务，是从长远战略角度对我国产业发展做出的重大谋划和部署，具有十分重要而又深远的战略意义。

抱着对这一问题的浓厚兴趣和强烈的责任感、使命感，我们积极主动开展产业基础和产业链相关问题研究，完成了《推进产业链现代化的思路与方略》这一文章并发表于《改革》杂志 2019 年第 10 期，引起有关方面的重视。后来，我们相继受托完成了"打好产业基础高级化和产业链现代化攻坚战研究""'十四五'时期实施产业基础再造顶层设计和体制机制保障研究""我国产业链安全战略研究""新发展格局下产业政策优化转型研究""保产业链供应链安全稳定的思路与重大举措研究"等课题研究任务，对这一问题开展持续深入的思考。

本书正是这一系列课题研究的转化成果，重点对产业基础再造问题进行了系统研究，分析了产业基础的内涵与主要特征、实施产业基础再造工程的理论依据、我国产业基础现状与问题、主要发达国家提升产业基础能力的经验与启示，研究提出了提升我国产业基础能力的重要意义和重大举措建议，并对重大基础装备和基础零部件、工业软件、关键基础材料、集成电路、国家质量基础设施建设、基础研究、企业主体培育等重点领域的基础能力提升进行了专题研究。

在理论研究方面，我们系统分析了"四基扩展说""产业支撑能力说"等现有研究和观点，首次比较全面、系统和准确地提出了产业基础的内涵和主要特征，并从核心层和支撑层两个层面对产业基础的内容进行了划分，提出了产业基础所具备的底层性、战略性、寡占性、系统性和动态性等主要特征，丰富了产业基础的内涵和外延，更加强调完整、系统分析产业基础问题，深化了学术界和政策界对产业基础的认识。研究从学理上阐释了实施产业基础再造工程的理论依据，认为产业基础再造工程本质上是通过政策措施的适度干预来解决多部门协调失灵和系统失灵等问题，因此需要体制机制的创新，在此基础上构建了分析产业基础再造的"要素—平台—制度"三维分析框架，深化了产业基础再造的相关理论认识。

在研究方法方面：一是在理论和现实分析的基础上，更加注重从能力视角构建评价产业基础的方法，包括基础研究和创新能力、基础产品和核心零部件研发制造能力、基础软件研发和尖端设计能力、产业基础公共服务能力、基础设施支撑能力等，具有很强的理论性和针对性；二是以宏观、中观与微观相结合的方法，在分析产业基础问题时，既考虑宏观层面的经济主导权、控制力和制度环境要素，也研究中观层面的产业升级和产业链现代化问题，更注重微观层面产业生态主导企业和专精特新企业的培育和案例研究，从宏观、中观、微观 3 个层面，较为立体、全面地分析我国产业基础再造的进展和面临的问题；三是重视实证研究，在广泛调研，与 50 多位专家访谈，以及对重大基础装备、核心零部件、基础工业软件、关键基础材料等大量行业案例分析的基础上，提出了实施产业基础再造工程的思路和对策建议。

本书是集体智慧的结晶，主要完成人是中国宏观经济研究院战略研究小组成员，包括盛朝迅（执笔第一章、第四章、第十章、第十二章）、徐建伟（执笔第二章、第五章，参与第一章、第四章写作）、任继球（参与第一章、第四章、第十二章写作）、王海成（执笔第六章，参与第十二章写作）、李子文（执笔第三章、第九章）、王云平（执笔第十一章）、李淑华（执笔第七章）、周观平（执笔第八章）、易宇（参与第十章写作）等。中国宏观经济研究院战略研究小组由一群热爱研究的年轻人组成，主要从事产业经济、发展战略与政策研究，承担了多项国家重大战略和重要政策的支撑研究与文件起草工作，在构建新发展格局、产业链政策、战略性新兴产业和未来产业、创新驱动等领域发表了一系列高水平学术成果，上报的多篇决策咨询报告获得中央领导的重要批示，是国内较早关注产业基础再造并具有影响力的研究团队。

在本书的写作过程中，我们有幸得到了国家发展改革委创新和高技术发展司、产业发展司、产业经济与技术经济研究所，工业和信息化部规划司，中国宏观经济研究院等相关单位领导和同事的关心指导和大力支持，他们提供了宝贵的指导意见和研究成果转化的便利。同时，我们有幸参加了中国民主建国会中央委员会有关产业链供应链现代化的大调研活动，赴上海、广东等地实地调研，多篇研究成果先后在《人民日报》《经济日报》《改革》《宏观质量研究》《宏观经济研究》等重要报刊上发表，并被学习强国、国家发展改革委官方网站和官方微信、国研网、人民网等广泛转载。人民邮电出版社杨凌老师、王茜老师对本书的出版提供了专业指导意见和帮助，在此一并表示感谢！

书已著就，故事还在继续。我们将继续努力！

盛朝迅

2023 年 5 月

产业基础再造既是一场定向发力的攻坚战，也是一场协同合作的系统战。随着研究的不断深入，课题组对此感受愈发深刻。发展过程中的那些短板突出或面临"卡脖子"风险的基础领域，背后都牵扯基础科学与应用技术、链主企业与配套企业、市场推广与迭代升级、自主创新与进口替代的关系，其中很多领域还是多学科多部门交叉融合的。这又进一步增加了产业基础再造的复杂性和艰巨性。相比以往更加青睐光彩夺目的链主领军企业，我们在此次调研中更加关注长期隐没在人们视野中的基础材料、基础零部件、基础工艺、技术基础企业和机构。这些企业和机构的工作不为常人所见，但其提供的技术和产品却熠熠生辉，让我们所见的大量终端设备和集成产品能够更好地呈现于市场。然而，产业基础领域的企业和机构的生存环境却难言乐观，有的企业在技术研发中一次次跌倒又爬起，有的企业面对国外产品的打压奋力反击，有的企业在开拓应用市场时苦苦拼搏，有的机构因经费紧张而挣扎在"生死线"上，更有甚者因难以承受市场和竞争之苦而转型或倒闭。

尽管如此，我们仍要坚持不懈地推进产业基础再造——这是实现自主安全发展的必然选择，也是建设现代化产业体系的牢固基石。所谓"根基不牢，地动山摇"就是这个道理。这是中国制造由大到强必须跨过的沟坎。值得欣慰的是，在国家政策的持续加力下，有利于产业基础领域攻坚突破的新生态正在建立，我们在一些关键核心领域与国外先进水平的差距正在不断缩小，一些长期空白的基础领域也开始出现新的变化。应该说，我们在产业基础领域的探索和突破是具有国际意义的。因为这些被发达国家长期把控的基础领域是全球产业链分工和价值链治理的核心，自第二次世界大战以来，很少有国家真正在这些领域实现赶超。因此，我们推进产业基础再造进而建设现代化产业体系是中国式现代化的重要内容，也能为后发国家推进新型工业化、实现现代化提供宝贵的中国经验。

产业基础再造既是新课题，也是必答题。我们的研究虽力求在产业基础再造的顶层设计、重点方向、政策路径上有所贡献，但限于研究条件和能力水平，并不能给出完美的解答。事实上，推进产业基础再造不能一蹴而就，真正能解答这一问题的是扎根基础领域、坚持不懈奋斗的一家家企业和机构。这些企业和机构的不懈努力让中国制造更强大、更精彩，让中国产业更有韧性、更加安全。我们将持续跟进对产业基础再造的研究，以期有更多成果和贡献。感谢为我们提供研究支持与指导的专家学者和企业机构，让我们从中获得宝贵资料、汲取不竭能量。

徐建伟

2023 年 5 月 31 日

于国宏大厦

REFERENCE

参考文献

[1] ARROW K J.Economic welfare and allocation of resources for invention[A]. in Nelson, R.R. (eds.) The Rate and Direction of Inventive Activity[C]. Princeton University Press, Princeton, N.J., 1962: 609-625.

[2] BUSH V. Science:the endless frontier; a report to the president on a program for postwar scientific research.United States Government Printing Office, Washington: 1945.

[3] International renewable energy agency. Quality infrastructure for renewable energy technologies—guidelines for policy makers[R]. 2015.

[4] ITC. Innovations in export strategy—a strategic approach to the quality assurance challenge[R]. 2005.

[5] MERVIS J. Data check:U.S. government share of basic research funding falls below 50%[EB/OL]. (2017-3-9).

[6] MANSFIELD E. Academic research and industrial innovation: an update of empirical findings[J]. Research Policy, 1998, 26 (1): 773-776.

[7] MANSFIELD E, et al. Academic research and industrial innovation[J]. Research Policy, 1991, (19): 1-12.

[8] NELSON R R.The simple economics of basic scientific research[J].Journal of Political Economy, 1959, 67(3): 297-306.

[9] United Nations Industrial Development Organization. Quality infrastructure for sustainable development[R]. [2019-12].

[10] 戴翔 . 中国制造业国际竞争力 : 基于贸易附加值的测算 [J]. 中国工业经济 ,

2015(1): 78-88.

[11] 董豪，邓昌义.以多元化投入促进自主工业软件发展 [J]. 中国科技论坛，
2020(9): 13-15.

[12] 董楠楠，钟昌标.美国和日本支持国内企业创新政策的比较与启示 [J]. 经济
社会体制比较，2015(3): 198-207.

[13] 董雪兵，王争.R&D 风险、创新环境与软件最优专利期限研究 [J]. 经济研究，
2007(9): 112-120.

[14] 干勇.三基产业技术基础发展及创新 [J]. 中国工业评论，2017(1): 30-35.

[15] 高凤勤，徐震寰，王春春.提升我国产业基础能力的增值税政策探讨 [J]. 税
务研究，2020(3): 59-62。

[16] 郭斌.规模、R&D 与绩效：对我国软件产业的实证分析 [J]. 科研管理，
2006(1): 121-126.

[17] 郭年顺，李君然.本土半导体企业打破"后进者困境"的路径和机制：以华
为海思为例 [J]. 企业经济，2019(6): 97-106.

[18] 贺俊，吕铁，黄阳华，等.技术赶超的激励结构与能力积累：中国高铁经验
及其政策启示 [J]. 管理世界，2018(10): 191-207.

[19] 西蒙.隐形冠军：未来全球化的先锋 [M]. 北京：机械工业出版社，2015.

[20] 黄群慧，余菁，王涛.培育世界一流企业：国际经验与中国情境 [J]. 中国工
业经济，2017(11): 5-25.

[21] 江飞涛.实施中国制造强国战略的政策体系研究 [J]. 中国工程科学，
2015(7): 49-53.

[22] 金碚，李鹏飞，廖建辉.中国产业国际竞争力现状及演变趋势：基于出口商
品的分析 [J]. 中国工业经济，2013(5): 5-17.

[23] 金碚.中国的新世纪战略：从工业大国走向工业强国 [J]. 中国工业经济，
2000(5): 27-34.

[24] 萨内特拉，马班.解决全球质量问题的终极答案：国家质量基础设施 [M]. 刘
军，胡泊，邢怀滨，译.北京：中国标准出版社，2015.

[25] 孔德婧 . 推动我国制造强国建设的若干问题研究 [J]. 中国工程科学，
2017(3): 6-12.

[26] 李金华 . 中国建设制造强国的核心要素竞争力测度分析 [J]. 财经问题研究，
2018(4): 15-22.

[27] 李婷婷 . 国家质量技术基础建设的国际经验分析及启示 [J]. 质量与认证，
2018(11): 47-48.

[28] 李万 . 加快提升我国产业基础能力和产业链现代化水平 [J]. 中国党政干部
论坛，2020(1): 26-30.

[29] 林忠钦 . 优质制造的现状与行动对策 [J]. 中国工业评论，2017(7): 36-44.

[30] 刘建丽 . 芯片设计产业高质量发展：产业生态培育视角 [J/OL]. 企业经济，
2023(2): 5-16.

[31] 刘志彪 . 产业基础高级化：动态比较优势运用与产业政策 [J]. 江海学刊，
2019(6): 25-32.

[32] 路风 . 冲破迷雾：揭开中国高铁技术进步之源 [J]. 管理世界，2019(9): 164-
194.

[33] 罗文 . 推动高科技发展　加快建设制造强国 [J]. 中国科学院院刊，2018(4):
379-393.

[34] 罗仲伟，孟艳华 . "十四五"时期区域产业基础高级化和产业链现代化 [J].
区域经济评论，2020(1): 32-38.

[35] 青木昌彦，金滢基，奥野 - 藤原正宽 . 政府在东亚经济发展中的作用：比较
制度分析 [M]. 北京：中国经济出版社，1998.

[36] 芮明杰 . 构建现代产业体系的战略思路、目标与路径 [J]. 中国工业经济，
2018(9): 24-40.

[37] 邵金菊，王培 . 中国软件服务业投入产出效率及影响因素实证分析 [J]. 管理
世界，2013(7): 176-177.

[38] 田倩飞，张志强，任晓亚，等 . 科技强国基础研究投入—产出—政策分析及
其启示 [J]. 中国科学院院刊，2019(2): 1406-1420.

[39] 谢锐，王菊花，王振国．全球价值链背景下中国产业国际竞争力动态变迁及国际比较 [J]．世界经济研究，2017(11): 100-111.

[40] 辛国斌．推进制造强国建设 加快新旧动能接续转换 [J]．行政管理改革，2017(6):20-23.

[41] 徐锭明．亟需补齐工业软件建设短板 [J]．中国国情国力，2020(6): 1.

[42] 徐东华，聂秀东，胡艳超．新时期我国重大技术装备发展路径建议 [J]．智慧中国，2019(7): 15-19.

[43] 国家制造强国建设战略咨询委员会，中国工程院战略咨询中心．工业强基 [M]．北京：电子工业出版社，2016.

[44] 余江，陈凤，张越，等．铸造强国重器：关键核心技术突破的规律探索与体系构建 [J]．中国科学院院刊，2019(3): 339-343.

[45] 中国科学院．科技强国建设之路：中国与世界 [M]．北京：科学出版社，2018.

[46] 朱晶路．我国集成电路产业高端化突破面临的问题研究及有关建议 [J]．中国集成电路，2020(Z3): 14-19.